색과 함께하는 **미술치료**

머리말

미술치료를 공부하고 실천하면서 색이 지닌 놀라운 치유의 힘을 수없이 경험해 왔다. 색은 단순한 시각적 요소를 넘어 우리의 감정, 무의식, 그리고 내면의 세계를 깊이 있게 반영한다. 이러한 색의 힘을 통해 내담자들은 말로 표현하기 어려운 감정을 자유롭게 표현하고, 자기 자신을 더욱 깊이 이해할 수 있게 된다.

'색과 함께하는 미술치료'를 집필하게 된 동기는 색이 가진 치유적 가능성을 더 많은 이들과 공유하고자 하는 열망에서 시작되었다. 미술치료 현장에서는 색채를 활용한 다양한 접근법이 시도되고 있지만, 이를 체계적으로 정리한 자료는 아직 부족한 실정이다. 이에 우리는 미술치료와 색채 심리를 접목한 이론과 실제를 한 권의 책으로 엮어, 미술치료에 관심 있는 사람들과 현장에서 활동하는 치료사들에게 자가치유와 더불어 치료 현장에서 실질적인 도움이 되고자 한다.

이 책은 두 부분으로 구성되어 있다.

첫 번째 부분에서는 미술치료의 이론적 배경과 색채 심리에 대한 깊이 있는 이해를 돕기 위해 다양한 이론과 역사적 흐름을 다루었다. 프로이트와 융의 정신분석, 나움버그와 크래머 등의 핵심 인물들의 이론을 살펴보고, 색채 심리가 어떻게 우리의 심리적 상태와 연결되는지를 상세히 설명하였다. 또한 한국의 전통적인 색채 관념과 음양오행에 기반한 색채 심리도 함께 다루어 문화적 맥락에서의 이해를 높이고자 했다.

두 번째 부분에서는 실제 현장에서 적용할 수 있는 다양한 활동지와 사례들을 소개한다. 각 도안은 내담자의 감정과 생각을 효과적으로 표현할 수 있도록 구성되었으며, 색채를 활용한 창의적인 활동을 통해 치료적 효과를 극대화하고자 한다. 다양한 주제의 활동지를 통해 개발하고, 제시함으로써 내담자들이 자신만의 색으로 마음을 표현하고 치유할 수 있도록 안내한다.

이 책이 미술치료에 관심 있는 사람들과 현장에서 활동하는 치료사들에게 유용한 지침서가 되기를 바란다. 또한 색의 치유적 힘을 통해 더 많은 사람들이 자신의 내면을 탐색하고 성장할 수 있기를 희망한다.

2025년 2월, 공동저자 일동

차례

Chapter 03 색채 심리의 역사와 치료적 개념

Chapter 04 한국의 색채 심리

Chapter 05 색채별 심리

Chapter 06 색채 심리상담에서의 감정 해석방법

Chapter 07 작품 활용

Chapter 01

미술치료의 이해

1. 미술치료의 개념
2. 미술치료의 역사
3. 미술치료의 핵심 인물과 이론
4. 미술과 미술치료의 차이점
5. 미술과 심리학의 접점
6. 매체 선택의 중요성
7. 미술치료 기대 효과
8. 미술치료사의 윤리적 문제

1. 미술치료의 개념

미술치료는 심리치료의 일종으로, 개인이 미술 활동을 통해 자신의 감정, 사고, 경험을 자유롭게 표현하고 탐색하는 과정을 포함한다. 이는 미술이 내면의 감정을 효과적으로 드러내고, 외상이나 정서적 문제를 초월하여 인간의 심리적 건강과 행복을 증진하게 시키는 수단으로 작용할 수 있다는 인식에서 출발한다.

미술을 통한 창작 활동은 억눌린 감정을 표출하고, 외상으로부터 위로를 받으며, 자신만의 의미를 찾고 통찰을 얻게 하여 삶의 질을 향상하게 시키는 심리 치료적 방법이다. 우드(Wood, 1998)는 미술치료가 전문 미술치료사의 지도하에 미술 재료를 사용해 개인이 내면의 감정을 표현하고 성찰하는 과정이라고 정의했다. 또한 랜드가르텐(Landgarten, 1997)은 미술치료를 평가와 치료를 독립적으로 수행할 수 있는 임상 미술치료로 정의하며, 이 개념을 처음으로 제안하였다. 카플란(Kaplan, 2013)은 미술치료의 정신분석적 접근, 행동주의적 접근, 인본주의적 접근이 미술의 치료적 사용을 정당화하는 방식에 대해 의문을 제기하며, 다양한 심리치료 이론과의 절충적 접근을 넘어 미술 작업과 창조성의 의미를 탐구해야 한다고 주장하였다. 그는 미술치료가 심리치료 외에도 다른 분야와 통합적으로 접근할 필요가 있다고 강조하였다.

울만(Ulman, 2001)은 미술치료에서 인간의 내적 갈등을 승화시키는 개념을 도입하였고, 루빈(Rubin, 2009)은 미술치료를 '미술과 치료의 결합'으로 정의하였으며 미술이라는 시각적 매체를 통해 억압되거나 상실된 부분을 발견하고, 이를 상징과 통합의 과정을 통해 문제를 해결하고 개인의 인격적 성장을 도모하는 방법이라고 설명했다.

미술치료라는 용어는 1961년 「Bulletin of Art Therapy」의 창간호에서 처음 사용되었고, 편집자인 울만은 이 용어가 당시 적절한 표현이 없었기 때문에 선택된 것이라고 설명했다. 그는 미술치료가 교육, 재활, 정신 치료 등 다양한 분야에서 활용될 수 있으며, 그 핵심은 시각예술을 통해 인격의 통합 또는 재통합을 돕는 시도라고 정의하였다.

학자들의 다양한 견해에 따라 미술치료는 여러 접근 방식으로 나뉜다. 예를 들어, 정신 요법적 미술치료, 재활적 미술치료, 그리고 레크리에이션 미술치료 등으로 분류되기도 한다. 그러나 공통으로 미술치료는 이미지 창작 과정을 통해 비언어적 소통이 이루어지며, 이를 반복함으로써 억압되거나 왜곡된 자아상을 재발견하고, 궁극적으로 자기실현을 이룰 수 있다고 보았다(Wadeson, 1987).

따라서 미술치료는 미술 활동을 통해 내면의 심리적 문제를 표현하고 완화하는 과정에서 심리적 안정과 치유를 제공한다. 이는 언어적 소통이 어려운 상황에서도 방어기제를 약화하고, 억압된 감정과 분노, 공격성을 해소하여 카타르시스를 경험하게 한다. 이 과정에서 미술 활동은 내면의 무의식적 심상을 표현하는 창구기능을 하며, 그 상징적 의미를 분석함으로써 개인의 심리적 갈등을 해소하고 자아 통합을 촉진할 수 있다.

결국, 미술치료는 심리적 어려움이나 정서적 장애를 겪는 사람들이 미술 작업을 통해 자신을 표현하고, 내적 세계와 외적 세계 간의 조화를 이루며, 궁극적으로 자아 성장을 이룰 수 있도록 돕는 심리 치료적 방법이다. 자발적인 미술 활동은 내적 갈등을 표현하고 승화하는 과정에서 개인의 정서적 안정을 찾아 주며, 심리적 진단과 치료에 있어 유용한 수단이 될 수 있다.

2. 미술치료의 역사

미술치료의 기원은 선사시대 동굴벽화에서 찾아볼 수 있다. 당시 인류는 상상 속의 존재와 염원을 시각적으로 표현하며, 자신과 외부 세계의 관계를 나타내고자 했다. 이러한 시각적 표현은 실존의 의미를 탐구하고, 내면의 소망을 상징화하는 역할을 했다.

19세기 후반에 들어서면서 산업화가 급격히 진행됨에 따라 노동과 생산의 양상뿐만 아니라 인간의 생활 방식과 정서적 성향에도 큰 변화가 나타났다. 기계문명의 발달로 합리적 사고와 분석적 능력이 강조되었으며, 이러한 환경적 변화는 인간이 적응하는 데 어려움을 겪게 했다. 특히, 사회적 소외와 개인의 존재가 수단화되는 문제들이 대두되면서, 정신적 병리 현상 또한 증가하는 결과를 낳았다.

독일에서는 제2차 세계대전 중 히틀러 정권하에서 예술에 대한 탄압이 있었고, 1950년대에는 향정신약이 정신과 치료의 주된 수단으로 사용되면서 미술치료는 상대적으로 주목받지 못했다. 그러나 1960년대에 들어서면서 미술치료에 대한 재조명이 이루어졌고, 학문으로서 자리 잡는 과정을 거치게 되었다.

특히, 인지학(Anthroposophie)의 창시자인 루돌프 슈타이너의 사상에 영향을 받은 독일의 정신과 의사 프린츠 호른(Prinz Horn)은 1919년부터 1921년까지 정신병원의 내담자들이 그린 5,000여 점의 작품을 수집하고, 이를 바탕으로 1922년 『정신병자들의 그림』이라는 책을 출판했다. 그는 예술과 심리학, 정신병리학을 결합하여 미술 활동이 내담자의 심리에 접근하는 중요한 도구임을 제시하였다. 이러한 시도는 현대 미술에 큰 영향을 미쳤으며, 클레, 에른스트, 뒤뷔페, 브르통 같은 예술가들에게도 깊은 영감을 주었다. 그 시기에는 심리학과 문학, 미술 분야에서 인간의 무의식에 관한 관심이 고조되었고, 예술적 표현을 통해 인간의 내면세계를 이해하고 분석하려는 시도가 활발하게 이루어졌다.

미국에서는 1907년부터 정신과 병동에서 내담자들이 미술가들의 지도로 미술 활동을 시작한 것이 미술치료의 출발점으로 여겨진다. 그러나 미술치료가 심리치료와 연계된 분야로 본격적으로 자리 잡게 된 것은 1940년대에 이른다. 이 시기에는 유럽 출신의 정신과 의사들이 미국에 소개한 정신병리학적 미술 표현 연구가 큰 영향을 미쳤다.

그중에서도 마거릿 나움버그(Margaret Naumburg)와 에디스 크래머(Edith Kramer)의 공헌은 미술치료를 새로운 치료 영역으로 자리매김하게 했다. 나움버그는 심리치료에서 언어적 표현을 넘어 무의식을 드러내는 상징적 미술표현을 강조했으며, 내담자와 작품 간의 대화 과정을 중시했다. 반면, 크래머는 미술 교육적 관점을 미술치료에 접목하게 시켰으며, 프로이트의 승화 이론에 근거하여 미술을 통해 방어기제가 표출되고 승화될 수 있다고 주장했다. 또한 레비(Levy), 레빅(Levick), 로빈슨(Robbins), 랜드가르텐(Landgarten), 와데슨(Wadeson) 등의 학자들이 1950~1960년대에 걸쳐 미술치료의 발전에 기여했으며, 미술치료는 심리학적 연구와 임상 적용에서 중요한 영역으로 자리 잡게 되었다.

영국은 미술가 아드리안 힐(Adrian Hill)이 미술치료 발전에 중요한 기여를 했다. 그는 제2차 세계대전 중 요양소에서 내담자로 있으면서 미술을 통해 무료함과 스트레스를 극복하고자 했으며, 그 과정에서 미술의 치유적 힘을 경험했다. 이 경험은 다른 내담자들에게도 영향을 미쳤고, 조형 예술을 통해 자신의 고통과 불안, 죽음에 대한 두려움을 표현하게 되었다.

힐은 창의적 활동의 치유적 효과를 사회에 알리는 데 헌신했으며, 1946년에는 영국 국립 정신과 병원에서 최초로 공식적인 미술치료사로 인정받았다. 이후 영국에서도 미술치료가 점차 발전하였으나, 1960년대까지는 미술교육을 통해 치료적 모델을 찾았고, 1970년대에 들어서 미술치료와 미술교육이 구분되었다. 1980년까지는 보건복지부가 미술치료를 작업치료의 일부로 포함했으나, 1987년에 이르러서야 미술치료를 독립된 직업으로 인정하였다.

우리나라에서는 정신병원에서 미술을 치료에 적용한 역사가 오래되었지만, 미술치료가 본격적으로 도입된 것은 1990년대 이후이다. 이후 많은 사람은 이 분야에 대한 호기심과 관심을 가지고 미술치료를 연구하여 임상에 적용하고 있는 고무적 현상을 보인다.

3. 미술치료의 핵심 인물과 이론

1) 마거릿 나움버그 Art in Therapy

마거릿 나움버그(Margaret Naumburg, 1890~1983)는 1890년 뉴욕에서 태어나 성장했으며, 초기에는 교육자로 활동했다가 후에 심리학, 특히 정신분석학을 연구하면서 미술치료 분야에서 널리 알려진 인물이 되었다. 그녀는 처음에는 융(Carl Jung)의 이론에 영향을 받았지만, 나중에는 프로이트(Sigmund Freud)의 정신분석적 접근법에 기반한 미술치료를 본격적으로 연구하고 실천했다. 나움버그는 1920년에 뉴욕의 월턴(Walden) 학교에서 자발적 미술 표현(spontaneous art)을 교육의 한 방법으로 도입했으며, 이를 미술치료 모델로 발전시켰다.

나움버그는 뉴욕 정신분석 학교에서 행동 장애가 있는 아동들을 대상으로 미술치료를 진행하면서 임상 경험을 확장했으며, 이후 성인에게도 이 기법을 적용했다. 특히 1940년대에는 정신분석적 접근을 바탕으로 한 미술치료 모델을 체계화하는 데 이바지했다.

그녀의 이론은 치료적 관계 형성, 전이와 역전이의 해결, 자유 연상, 자발적 미술표현, 그리고 상징의 해석에 중점을 두고 있다. 나움버그는 프로이트와 융, 그리고 설리번의 이론적 영향을 받아 자신의 치료 모델을 구축했다. 학자들은 나움버그의 접근을 “치료에서의 미술”(Art in Therapy)로 분류하며, 이는 심리치료 과정에서 미술을 주요 매개체로 활용하는 방법을 의미한다.

나움버그는 미술치료에 있어서 미술의 장점을 다음과 같이 주장하고 있다.

(1) 비언어적 표현을 통한 내면의 드러냄

나움버그는 그림을 통해 말로 표현하기 어려운 욕망, 꿈, 환상 등을 시각적으로 나타내는 것이 개인의 내면을 더욱 직접적으로 드러내는 중요한 방법이라고 주장했다.

(2) 검열 기능의 약화

그림을 통해 무의식적 내용을 표현함으로써 언어적 표현보다 검열 기능이 약화하여 치료가 더 효과적으로 진행된다고 보았다.

(3) 영속성과 객관성

그림은 한 번 그려지면 그 자체로 고정된 형태로 남기 때문에 내용이 쉽게 잊히거나 왜곡되지 않는다. 이는 내담자가 자신의 감정이나 경험을 부정하기 어려운 치료적 증거로 기능한다.

(4) 전이 문제 해결의 용이함

내담자는 자신이 그린 그림을 해석하는 과정에서 자율성과 통제감을 느끼게 되며, 이를 통해 전이 문제를 더욱 쉽게 다룰 수 있게 된다.

따라서 나움버그는 내담자에게 특정한 주제를 제시하기보다는, 자발적으로 원하는 그림을 그리게 하는 방식인 자발적 미술표현을 강조했다. 이 방법은 내담자의 무의식적인 감정과 사고가 자연스럽게 표출되도록 유도하며, 치료사는 이를 해석해 내담자의 내면 상태를 파악할 수 있다. 또한, 그림은 치료 중 전이 관계를 명확히 드러내고, 내담자의 심리적 갈등을 탐구할 수 있는 중요한 수단이 된다. 결과적으로, 나움버그의 접근법은 미술을 통해 내담자의 무의식적 사고와 감정을 직접적으로 표현하게 하여 심리적 문제를 해결하고 자기 이해를 증진하는 데 중점을 두고 있다.

2) 에디스 크래머 Art as Therapy

에디스 크래머(Edith Kramer, 1916~2014)는 1916년 빈(Wien)에서 태어나 자유로운 가족 분위기 속에서 자라며 정신 분석가들과 친숙한 관계를 유지했다. 그녀는 자아 심리학의 영향을 받았으나 특정 학파에 얽매이지 않고, 미술치료 분야에서 독자적인 길을 개척했다. 크래머는 주로 아동 미술치료에 관한 연구를 통해 자신만의 이론을 발전시켰다.

크래머는 미술이 단순한 표현 도구가 아닌 승화(sublimation)를 통한 자아 성숙의 중요한 매개체라고 보았다. 그녀는 아동을 대상으로 미술치료를 하며, 미술 작업 과정이 내담자의 내면적 갈등을 표현하고 이를 긍정적인 방식으로 전환하는 데 중점을 두었다. 특히, 미술 작업이 파괴적 에너지를 건강한 방식으로 승화시켜 심리적 안정을 촉진한다고 보았다.

그녀는 미술 창작 과정 자체가 치료적이라는 견해를 고수하며, 내담자가 미술을 통해 자신의 원시적 충동과 갈등을 다시 경험하고 이를 통합하는 과정을 강조했다. 이는 나움버그의 접근과는 차별화되는데, 나움버그가 치료사가 내담자의 그림을 해석하는 역할을 중시했지만, 크래머는 창작 과정 자체가 치료적 역할을 한다고 주장했다. 이를 통해 크래머의 접근은 "치료로서의 미술"(Art as Therapy)이라는 개념으로 확립되었다.

(1) 승화와 갈등 해결

크래머는 미술 작업을 통해 원시적 충동이나 파괴적 감정이 예술적으로 표현되고, 승화를 통해 내적 갈등을 해결하고 통합할 수 있다고 보았다. 미술은 단순히 내면의 고통을 발산하는 것이 아니라, 그 과정을 통해 내담자가 심리적 성숙을 이룰 수 있는 중요한 도구가 된다.

(2) 창작 과정의 중요성

크래머는 미술작품의 결과보다는 과정에 더욱 주목했다. 미술 작업 과정에서 발생하는 감정 발산, 스트레스 해소, 자기의 표현 등이 치료적 효과를 가져온다는 것이다. 이를 통해 개인은 심리적 안정을 찾고 내면의 갈등을 자연스럽게 통합해 나갈 수 있다.

(3) 자아 강화와 심리적 안정

미술치료는 자아를 강화하는 심리적 이점을 제공하며, 이를 통해 내담자는 자존감 향상, 자기 인식 증진, 그리고 내적 갈등 해소 등의 긍정적인 변화를 경험할 수 있다. 크래머는 특히 아동이 미술 작업을 통해 자기 훈련과 인내를 배우며 성숙해지는 과정을 강조했다.

크래머의 견해는 "치료로서의 미술"(Art as Therapy)이라는 개념으로 널리 알려졌다. 이는 미술 창작 과정이 그 자체로 심리치료의 역할을 하며, 예술적 활동이 내적 치유와 심리적 성장에 필수적인 역할을 한다는 것이다. 이 개념은 1961년 울만이 정의한 후 더 널리 확산하였다. 크래머의 이론은 자연스러운 자기표현을 통한 승화와 창작 과정의 치유적 효과를 중시하는 것이 특징이다. 이러한 접근은 미술치료에서 미술 자체가 중요한 역할을 한다는 것을 보여주며, 미술치료사들이 창작 과정을 통해 내담자의 내적 갈등을 조정하고 해소하는 데 이바지할 수 있음을 강조한다.

결론적으로 크래머는 미술을 단순한 치료 도구로 보지 않았다. 그녀는 예술 창작 과정 자체가 내담자의 자아 성숙과 심리적 안정에 크게 기여하는 강력한 수단이라고 보았다. '치료로서의 미술'이라는 개념은 오늘날 미술치료의 핵심 이론으로 자리 잡았으며, 미술치료의 발전에 중요한 토대를 마련했다.

3) 마리안 울만 Art Therapy

마리안 울만(Marian Ulman, 1903~1991)은 에디스 크래머보다 5살 연상이지만, 거의 같은 시기에 미술치료에 깊은 관심을 가지며 활동했다. 울만은 원래 미술가로 활동했으나, 1950년대 초 정신병원에서 일하게 되면서 본격적으로 미술치료에 발을 들여놓았다. 당시 울만은 자신을 미술치료사보다는 미술 교사로 인식했지만, 시간이 지나며 미술교육과 치료적 접근 사이의 경계를 느끼기 시작했다. 그녀는 특히 크래머의 저서 『Art Therapy in a Children's Community』를 읽고 정신분석과 미술적 통찰 사이의 관계를 깨닫고, 미술치료에서 교사와 치료사의 역할이 명확하게 구분되지 않는다는 점을 실감하게 되었다.

울만은 치료적 접근에서 많은 내담자가 그림에 담긴 상징적 의미를 말로 표현하기를 꺼린다는 사실에 주목했다. 이는 그녀로 하여금, 말로는 전할 수 없는 내면의 갈등과 감정을 그림이 대신 표현할 수 있음을 깨닫게 하였다. 이러한 경험을 바탕으로 울만은 미술치료의 두 가지 중요한 측면인 "치료에서의 미술"(Art in Therapy)과 "치료로서의 미술"(Art as Therapy)의 개념을 통합하고자 했다.

울만은 1961년에 이르러 이미 미술치료의 다양한 측면을 아우르는 정의를 내리기 위해 노력했다. 그녀는 "치료에서의 미술"과 "치료로서의 미술"을 두 가지 상호 보완적 측면으로 보았으며, 이 둘이 같은 시점에서 동일한 치료 환경에서 자연스럽게 통합될 수 있다고 주장했다. 임상 현장에서 울만은 미술 심리치료가 필요한 곳에서는 치료에서의 미술을 사용하고, 치료로서의 미술이 유효

한 상황에서는 미술 심리치료를 적용하는 등 융통성 있게 접근했다. 즉, 울만은 나움버그와 크래머의 정신 역동적 미술치료를 모두 포괄하면서, 두 접근법의 융합을 통해 개별 내담자의 요구에 맞게 유연하게 대응하고자 했다.

울만은 내담자의 작품이 예술적 성취감을 가져오는지에 대한 논쟁보다는, 내담자가 자신의 감정을 표현하는 것 자체에 집중해야 한다고 강조했다. 상동적이거나 강박적인 표현조차도 내담자의 내면을 반영할 수 있으며, 때로는 예술적 성취보다 심리적 해소가 더 중요할 수 있다고 보았다. 이에 따라, 그녀는 미술치료가 치료적 측면과 창조적 측면을 모두 내포하고 있어야 한다고 주장했다.

그녀는 미술치료가 다양한 심리적 문제를 해결하는 데 효과적인 도구임을 증명하고자 여러 연구를 수행했다. 그녀의 연구는 미술치료가 정서적 문제뿐만 아니라 인지적, 행동적 문제에도 긍정적인 영향을 미친다는 사실을 입증했다. 이 과정에서 울만은 미술치료가 단순히 예술 활동을 넘어 과학적 근거에 기반한 치료적 기법으로서 자리 잡을 수 있도록 미술치료의 이론적 기초를 확립하는 데 많은 공헌을 하였다.

특히 울만은 미술치료가 내담자의 감정 표현을 돕고, 문제 해결 능력을 향상하며, 전반적인 정신 건강을 증진하게 시키는 데 매우 유용하다고 보았다. 그녀는 미술 작업이 내담자의 심리적 스트레스를 완화하고, 감정을 더욱 구체적으로 표현하도록 도와줌으로써, 내면의 갈등을 해결하는 중요한 매개체가 된다고 주장했다.

울만의 연구는 미술치료의 학문적 지위를 확립하는 데 중요한 역할을 했으며, 미술치료가 단순한 예술적 활동이 아닌 과학적, 심리적 효과를 지닌 치료 도구로 인정받는 데 이바지했다. 그녀의 통합적 접근은 오늘날 미술치료 분야에서 치료와 창작의 균형을 강조하는 중요한 기반이 되고 있다.

4. 미술과 미술치료의 차이점

미술과 미술치료는 외관상 유사한 활동일 수 있지만, 그 근본적인 목적과 접근 방식에서 큰 차이를 보인다. 일반 미술은 예술적 표현과 창의성 발휘에 중점을 두며, 자유로운 창작 활동을 통해 예술적 아름다움이나 심미적 가치를 추구한다. 반면, 미술치료는 개인의 심리적 문제와 고민을 직접 다루며, 치료적 목표를 가지고 진행된다. 미술치료는 창작 과정 자체가 치유의 수단으로 활용되어, 개인이 자신의 문제를 시각화하고, 감정을 조절하며, 심리적 안정과 개선을 도모하는 데 도움을 준다.

미술과 미술치료의 차이

구분	미술	미술치료
목적이 차이	미술은 창의성과 예술적 표현을 강조하며, 작품의 미적 가치를 중요시한다.	미술치료는 심리적 치유와 문제 해결을 목표로 한다. 예술적 결과물보다는 창작 과정에서의 심리적 경험이 중요하다.
접근 방식의 차이	미술 활동은 창작의 자유와 개인의 예술적 탐색을 권장한다.	미술치료는 구조화된 치료적 접근 방식을 채택하며, 내담자의 감정과 생각을 표현하고 분석하는 데 중점을 둔다.
치유 과정의 차이	미술에서는 이러한 심리적 치유의 목적이 부차적이거나 존재하지 않을 수 있다.	미술치료에서는 창작 과정 자체가 치유를 위한 도구로 사용된다. 이는 개인이 내면의 갈등과 문제를 시각화하고, 이를 통해 감정을 표출하고 조절할 수 있게 한다.

5. 미술과 심리학의 접점

미술치료는 미술과 심리학의 교차점에서 독창적으로 발전한 분야로, 이 두 학문이 상호작용하여 개인의 심리적 어려움을 해결하는 데 이바지한다. 미술의 창작 활동은 감정과 생각을 형상화하는 수단으로 작용하며, 이러한 시각적 표현을 통해 내면의 정서적, 인지적 문제를 깊이 있게 탐구하고 치료하는 데 중요한 역할을 한다. 이는 미술이 단순한 예술 활동의 범주를 넘어 심리치료의 강력한 도구로 자리 잡게 된 이유이기도 하다. 미술은 심리적 고통을 외부로 드러내어 치유와 내면적 성장을 촉진하는 데 이바지한다.

미술치료는 다양한 심리학 이론에 근거하고 있으며, 각 이론은 미술치료에서의 접근 방식을 설명하는 데 중요한 역할을 한다. 이를 통해 미술치료는 각 개인의 필요와 상황에 맞게 유연한 치료적 개입을 제공할 수 있다.

1) 프로이트의 정신분석적 미술치료

지그문트 프로이트(Sigmund Freud, 1856-1939)는 정신분석 이론의 창시자로, 그의 이론은 미술치료에 중요한 기여를 했다. 프로이트는 자유 연상, 꿈의 해석, 전이와 저항의 분석 등 다양한 정신분석 기법을 미술치료에 적용할 수 있음을 제시했다. 내담자는 미술이라는 상징적 표현 도구를 활용하여 자신의 무의식을 자유롭게 표출할 수 있으며, 이는 그들이 평소에 의식적으로 인지하지 못했던 욕구와 억압된 감정을 드러내는 중요한 수단이 된다.

(1) 무의식의 시각화

프로이트의 이론에 따르면, 미술작품은 내담자의 무의식을 시각적으로 드러내는 도구 역할을 한다. 미술치료사는 내담자의 작품을 해석하며, 그 과정에서 내담자가 무의식 속에 숨겨진 갈등과 욕망을 자각할 수 있도록 돕는다. 이 과정에서 치료사는 질문, 명료화, 직면, 해석 등의 다양한 정신분석 기법을 통해 내담자가 자신의 문제를 통찰하고 해결하는 데 도움을 준다.

(2) 미술작품의 해석과 심리적 통합

프로이트의 궁극적인 목표는 무의식을 의식화하는 것으로, 내담자가 자신의 내면적 갈등을 시각적 표현을 통해 인식하고, 이를 통찰함으로써 심리적 치유로 나아가는 과정을 돕는다. 미술치료에서 이러한 접근은 내담자가 미술작품을 통해 억압된 감정과 갈등을 자유롭게 표현할 수 있는 안전한 환경을 제공하며, 그 과정에서 자신을 더욱 깊이 이해하게 된다.

미술치료사는 내담자와 함께 작품을 분석하며, 무의식 속에 잠재된 문제를 의식화하고 내담자가 자기 행동이나 사고 패턴을 이해할 수 있도록 돕는다. 이를 통해 내담자는 자신의 부적응적인 사고와 행동을 깨닫고, 자발적으로 치유의 과정을 밟게 된다.

따라서 미술치료는 미술이라는 매체를 통해 무의식적인 요소를 표현함으로써, 치료 과정에서 중요한 역할을 한다. 내담자는 미술작품을 통해 자기 내면을 깊이 탐색하고, 그 과정을 통해 심리적 통찰과 내적 성장을 이루게 된다.

2) 융의 분석심리학적 미술치료

칼 융(Carl Jung, 1875-1961)은 프로이트와 달리, 개인 무의식뿐만 아니라 집단 무의식의 개념을 도입하여, 미술작품이 개인의 심리적 상태를 반영할 뿐 아니라 인류 공통의 상징과 원형(archetypes)을 드러낸다고 보았다. 융의 분석심리학에서 미술 활동은 상징적 표현을 통해 자아와 무의식 간의 통합을 이루고, 이를 통해 개인의 심리적 성장과 자기실현을 촉진하는 중요한 수단으로 간주하였다. 융에 따르면, 미술작품은 내면의 무의식적인 요소들이 생생하게 표현되는 매개체이며, 이를 통해 개인은 심리적 위기를 시각적으로 형상화할 수 있다. 이러한 과정은 내담자가 자신을 더 깊이 이해하고, 내면의 갈등을 해소할 수 있는 중요한 통찰을 제공한다. 미술치료에서 내담자는 상징적인 의사소통을 통해 자신의 무의식과 대화하며, 이 과정에서 개인적 경험뿐 아니라 집단무의식에서 비롯된 상징적 이미지를 드러낼 수 있다.

(1) 상호작용과 심상의 중요성

융의 접근법에서는 간접적인 관계와 심상의 중요성이 강조된다. 미술치료 상황에서 치료사의 직접적인 개입은 최소화되며, 내담자와 떠오르는 심상을 통해 상호작용이 이루어진다. 또한, 내담자가 창작한 미술작품과 지속적인 상호작용을 통해 무의식적 내용을 탐색하고 통찰을 얻는 과정이 중시된다. 내담자는 작품을 통해 무의식의 상징을 직면하게 되고, 이를 통해 자아와 무의식의 대화를 촉진하게 된다.

(2) 미술작품의 해석과 심리적 통합

융은 내담자의 미술작품을 단순한 시각적 표현으로 해석하기보다는 그 작품에 내재한 감정과 상징을 종합적으로 분석해야 한다고 강조했다. 그림 자체의 형태나 외형보다는, 그 안에 숨겨진 감정과 무의식적 심상을 이해하는 것이 중요하다. 예를 들어, 그림에 등장하는 특정한 상징이나 색채, 형태는 내담자가 의식적으로 인지하지 못한 깊은 무의식을 드러낼 수 있는 단서로 작용한다. 또한, 치료사는 내담자가 직면하는 상징적 심상에 대해 중요한 질문을 던짐으로써, 내담자가 자기 내면과 대화하도록 유도한다. 이 과정에서 내담자는 자신이 미처 알지 못했던 무의식적 갈등을 명확히 인식하게 되며, 이를 통해 심리적 통합이 이루어진다. 미술치료사는 내담자가 자기 작품과 상호작용할 수 있도록 지지하며, 무의식 속의 상징이 어떤 의미를 지니고 있는지 함께 탐구하는 과정에 집중한다.

3) 대상관계 미술치료

대상관계 이론은 인간이 어릴 때 경험하는 주요 양육자와의 상호작용이 성인기의 대인관계 형성에 있어 중요한 역할을 한다는 개념에 기반을 두고 있다. 특히, 초기의 양육자와의 관계가 성인기에 형성되는 모든 관계의 기초적 패턴이 된다고 본다. 이는 성장 후에도 자신과 타인과의 관계 형성에 큰 영향을 미치며, 양육자와의 상호작용 방식이 개인의 성격 발달과 대인관계의 틀을 형성하는 데 중요한 요소가 된다.

대상관계 미술치료는 내담자가 어릴 때 형성된 왜곡된 대상 경험을 재창조하고 수정하는 과정을 돕는 심리 치료적 방법이다. 이를 통해 내담자는 발달 과정에서 억압되거나 왜곡된 감정과 경험을 미술로 시각적으로 표현하고, 이를 재구성하여 보다 건강한 관계를 형성하는 데 도움을 받을 수 있다.

(1) 양육자와의 관계와 미술치료

대상관계 이론에서 가장 중요한 양육자는 주로 어머니와 같은 주요 돌봄 제공자를 의미하며, 이 관계는 아이가 성장하면서 다양한 대상(타인)이 관계를 맺는 데 있어 원형이 된다. 미술치료는 이러한 관계 속에서 형성된 무의식적 심상을 시각적으로 드러내는 도구로 작용하며, 내담자는 이를 통해 과거의 경험을 재현하고 해소할 수 있는 기회를 얻게 된다.

미술치료 과정에서, 치료사는 초기 대상관계에서의 지지자 역할을 맡아야 한다. 치료사는 공감적이고 수용적인 자세를 일관성 있게 유지하며, 내담자가 안전하게 자신의 무의식적 내용을 표현할 수 있도록 지지적인 환경을 제공해야 한다. 이러한 분위기는 내담자가 어린 시절 경험했던 관계의 문제를 안전하게 드러내고 탐색할 수 있는 기회를 제공하며, 이를 통해 억압된 감정이나 경험이 치료 과정에서 재구성되고 치유될 수 있다.

(2) 대상관계 미술치료의 과정

대상관계 미술치료에서 내담자는 미술 작업을 통해 자신의 과거 대인관계에서 경험한 왜곡된 대상 경험을 재창조한다. 이 과정에서 내담자는 자신의 무의식 속에 깊이 잠재된 대상과의 상호작용을 작품에 투영하며, 이를 시각화함으로써 새로운 시각으로 자신과 타인의 관계를 바라보게 된다. 예를 들어, 내담자가 그리는 인물, 색채, 형태는 그의 무의식적 감정을 드러낼 수 있는 중요한 단서가 될 수 있다. 이러한 작업을 통해 내담자는 자신의 감정을 외부로 표현하며, 초기 대상관계에서 느꼈던 억압된 감정이나 왜곡된 관계 양식을 치료적 관점에서 재구성할 수 있게 된다. 이를 통해 내담자는 새로운 방식으로 타인과 상호작용할 수 있는 능력을 길러 나가며, 궁극적으로 더 건강하고 안정적인 대인관계를 형성할 수 있게 된다.

4) 인지 · 행동 미술치료

인지 · 행동 미술치료는 인지행동치료(Cognitive Behavioral Therapy, CBT)의 원칙을 미술치료에 적용한 접근법으로, 내담자가 비합리적 사고와 그로 인해 발생하는 부정적인 감정 및 행동을, 미술을 통해 표현하고 수정할 수 있도록 돕는다. 인지 · 행동 미술치료에서는 이러한 이론을 바탕으로, 미술 작업을 통해 내담자의 내면에서 일어나는 스트레스나 부정적 감정을 시각화하여 인식하고, 치료자와의 피드백을 통해 사고 패턴과 행동의 변화를 유도한다.

(1) 사고, 감정, 행동의 연결

CBT는 부정적인 사고 패턴이 감정과 행동에 영향을 미친다고 가정하며, 이들 간의 상호작용을 통해 문제를 해결하는 접근법이다. 인지 · 행동 미술치료에서는 내담자가 미술을 통해 자기 경험과 감정을 표현함으로써, 비합리적인 사고나 인지 왜곡을 시각적으로 드러내는 기회를 제공한다. 이를 통해 치료사는 내담자가 경험하는 왜곡된 사고 과정을 파악하고, 긍정적인 사고로 전환할 수 있도록 도울 수 있다.

(2) 미술을 통한 문제의 시각화와 피드백

내담자가 자신의 내면 상태를 미술로 시각화하는 과정이다. 예를 들어, 불안이나 우울증을 겪는 내담자는 자신의 감정을 색이나 형태로 표현하게 된다. 이는 내담자가 자신의 감정을 직접적으로 마주하게 하고, 감정의 원인이 되는 사고 패턴을 파악할 수 있게 돕는다. 치료사는 이 과정에서 내담자와 함께 그림을 해석하며, 인지적 피드백을 제공한다. 이는 내담자가 자신의 사고와 감정, 행동 사이의 연관성을 깨닫고, 잘못된 인지적 패턴을 수정할 수 있는 기회를 제공한다.

5) 인간중심 미술치료

인간중심 미술치료는 1950년대 칼 로저스(Carl Rogers, 1902-1987)에 의해 개발된 인간중심 치료 이론을 기반으로 하여, 개인을 현상학적이며 실존적인 존재로 이해한다. 인간중심 미술치료는 내담자가 자기 삶 속에서 의미와 주체성을 발견하고, 자기실현과 성취를 이루는 '충분히 기능하는 인간'으로 성장하는 것을 목표로 한다. 이 치료의 핵심은 내담자가 스스로 잠재력을 발견하고, 자기 이해와 수용을 통해 내면의 성장을 이루는 것이다.

(1) 자기실현과 주체성

인간중심 미술치료는 내담자가 자신의 주체성을 확립하고, 삶의 의미를 찾을 수 있도록 돕는 과정을 중시한다. 치료의 과정에서 내담자는 미술 활동을 통해 자신의 감정과 생각, 경험을 자유롭게 표현하며, 이러한 표현은 내면세계를 탐험하고 새로운 통찰을 얻는 중요한 기회가 된다. 이 과정은 개인이 자신의 정체성과 잠재력을 재발견하고, 자기실현을 이루기 위한 중요한 도구로 작용한다. 자기실현이란 개인이 자기 잠재력을 최대한 발휘하고, 자신의 진정한 모습에 대한 깊은 이해를 바탕으로 삶을 풍요롭게 만들어가는 과정을 의미한다. 인간중심 미술치료는 이러한 자기실현의 과정을 촉진하는 데 중점을 둔다.

(2) 미술 작업을 통한 자기 이해와 자아 수용

미술 활동은 단순한 창작 이상의 의미를 가지며, 자기 탐색의 도구로서 작용한다. 내담자는 미술을 통해 자신의 감정을 직관적으로 표현할 수 있으며, 이를 통해 내면의 갈등이나 억눌린 감정을 시각적으로 드러내고 통찰을 얻게 된다. 이 과정은 내담자가 자신의 내면세계를 탐험하고, 자아를 보다 깊이 이해하며, 이를 수용하는 과정을 돕는다. 예술적 창작 과정은 내담자에게 자기표현의 자유를 제공하며, 이러한 자유로운 표현은 내담자가 자기 내면과 감정을 더 솔직하게 마주할 수 있도록 도와준다. 또한, 이 과정에서 얻게 되는 통찰은 내담자가 자기 경험을 재평가하고, 자신을 있는 그대로 수용하는 데 중요한 역할을 한다. 이는 심리적 안녕과 성장을 촉진하는 강력한 매개체가 된다.

(3) 공감과 무조건적인 긍정적 존중

인간중심 미술치료에서 치료사는 결과보다는 과정에 중점을 두어야 한다. 즉, 미술작품의 완성도나 그 결과보다, 내담자가 미술 작업을 통해 무엇을 느끼고, 어떻게 자신의 감정과 경험을 탐색하는지가 중요하다. 치료사는 내담자의 미술 작업 과정에 적극적으로 경청하고, 공감적인 자세와 무조건적인 긍정적 존중을 제공해야 한다.

치료사는 내담자가 자신의 감정을 자유롭게 표현하고, 그 감정을 수용할 수 있도록 지지하는 역할을 맡는다. 이때, 내담자는 비판이나 판단에 대한 두려움 없이 자신을 있는 그대로 표현할 수 있으며, 이를 통해 자아 수용과 자기 이해를 촉진할 수 있다.

6) 게슈탈트 미술치료

게슈탈트는 독일어로 "전체적인 형태"를 의미하며, 인간이 대상을 지각할 때 부분이 아닌 전체적으로 인식하는 경향을 설명하는 개념이다. 게슈탈트 심리치료에서는 인간이 자기 내면에서 미해결된 감정이나 갈등을 통합적으로 인식하고 해결할 때, 비로소 완전하고 통합된 인격을 형성할 수 있다고 본다. 이 과정에서 미해결 과제(unfinished business)를 알아차리고 수용함으로써, 내적 갈등을 해결하고 통합된 자아를 형성하는 것이 목표이다.

(1) 미해결 과제의 인식과 통합

게슈탈트 치료의 핵심 목표는 내담자가 자신의 미해결 과제를 인식하고 이를 통합하는 데 있다. 미해결 과제는 과거의 상처, 억눌린 감정, 처리되지 않은 문제들을 의미하며, 이는 종종 현재의 삶에서 불안, 스트레스, 또는 심리적 갈등의 형태로 나타난다. 이 과제들이 해결되지 않은 상태로 남아 있으면, 개인은 조각난 인격을 형성하게 되며, 이는 심리적 불안정과 내적 갈등의 원인이 된다. 게슈탈트 미술치료에서는 이러한 미해결 과제들을 미술 작업을 통해 시각적으로 드러내고, 이를 자각하고 수용하는 과정을 통해 통합된 자아를 형성할 수 있도록 돕는다.

(2) 미술 작업을 통한 자각과 통합

게슈탈트 미술치료에서는 내담자가 미술 작업을 통해 자기 내면에 잠재된 미해결 과제를 알아차리는 과정을 중시한다. 예를 들어, 내담자가 그림을 그리는 과정에서 특정 색상, 형태, 혹은 상징이 반복적으로 등장하거나, 그림 속에서 특정한 감정이나 상징적 이미지를 표현할 수 있다. 이는 내담자가 의식하지 못한 채 억눌린 감정이나 해결되지 않은 문제들이 작품 속에 드러난 것으로 해석된다. 이러한 시각적 표현은 내담자가 자신의 미해결 과제를 더 명확하게 자각하는 데 도움을 준다. 치료사는 이 과정에서 내담자가 자신을 비판하거나 부정하지 않고, 자신의 불완전한 부분을 수용할 수 있도록 지지한다. 게슈탈트 미술치료의 핵심은 수용과 통합이며, 내담자가 자신의 조각난 감정이나 경험을 수용할 때, 비로소 완성된 게슈탈트를 형성할 수 있다고 본다.

(3) 신체감각과 감각적 자각

게슈탈트 미술치료는 시각적 표현뿐만 아니라 신체감각을 자각하는 것도 중요하게 여긴다. 내담자가 자신의 신체감각(시각, 청각, 촉각, 후각 등)을 예민하게 받아들이는 훈련을 통해, 자기 내면에 감추어진 문제를 더욱 명확하게 인식할 수 있도록 돕는다. 이러한 자각 훈련은 내담자가 자기 내면과 외부 세계 간의 관계를 더욱 깊이 있게 탐구하는 데 이바지한다.

예를 들어, 내담자가 그림을 그리는 동안 특정한 감정이 떠오르거나, 몸의 특정 부위에서 긴장감을 느낄 수 있다. 치료사는 이러한 신체적 감각을 인식하고, 그 감각이 내담자의 심리적 문제와 어떤 연관이 있는지 탐구하는 과정을 촉진한다. 이는 내담자가 자신의 미해결 과제와 연결된 감정이나 신체적 반응을 명확하게 이해하는 데 도움을 준다.

6. 매체 선택의 중요성

미술치료에서 매체 선택은 치료의 성공에 중요한 역할을 하며, 내담자의 심리적, 신체적 상태와 치료 목표에 맞는 적절한 매체를 사용하는 것이 치료의 효과를 극대화하는 데 필수적이다. 매체는 내담자가 자신의 감정과 생각을 표현하는 창구가 되며, 이를 통해 치료사는 내담자의 내면적 문제를 더 깊이 이해할 수 있다. 적합한 매체를 선택함으로써 내담자는 자신에게 맞는 방법으로 감정을 드러내고, 자아 성찰을 경험하며 치료 효과를 극대화할 수 있다.

1) 매체와 내담자의 개별적 필요성

매체 선택은 내담자의 개별적인 심리적 상태와 필요에 맞춰져야 하며, 치료사는 상황에 맞는 매체를 신중하게 선정해야 한다. 예를 들어, 불안이나 스트레스를 많이 느끼는 내담자에게는 부드러운 질감의 매체(예: 수채화, 소프트 파스텔)가 감정 표현을 부드럽게 도와준다. 반면, 억눌린 분노나 강한 감정을 가진 내담자에게는 물리적 에너지를 많이 소모하는 매체(예: 점토, 조각)가 감정 해소에 도움이 될 수 있다. 매체 선택은 내담자의 심리적 필요뿐만 아니라 치료 목표에 맞춰 적응적으로 이루어져야 한다. 예를 들어, 자아 탐색을 목표로 할 때는 개인적인 감정 표현을 중시하는 드로잉이나 회화가 적합하다. 반대로 사회적 상호작용과 협력을 강조할 때는 공동 작업을 촉진하는 벽화나 협동 프로젝트가 효과적일 수 있다.

2) 연령과 발달 단계에 따른 매체 선택

내담자의 연령과 발달 단계도 매체 선택에서 중요한 요소이다. 어린이의 경우, 손으로 직접 만지며 쉽게 조작할 수 있는 크레용이나 지문 놀이 같은 매체가 창의력과 표현력을 자극한다. 이들은 감각을 통해 세상을 탐색하며, 간단하고 직관적인 매체를 사용할 때 더 큰 만족감을 얻는다. 반면, 노인은 손의 미세운동 능력이 저하될 수 있으므로 큰 붓이나 넓은 색역을 사용할 수 있는 유화나 아크릴화가 적합하다. 이는 노인이 더 편안하게 작업에 몰입하게 하며, 인지 기능을 유지하고 정서적 안정을 찾는 데 도움을 줄 수 있다.

3) 치료 목적에 따른 매체 선택

매체는 치료 목적에 따라 달라져야 하며, 이는 치료 효과를 극대화하는 데 필수적이다. 예를 들어, 자기표현과 자아 탐색을 중시하는 치료에서는 자유로운 드로잉이나 회화가 적합하다. 반면, 사회적 기술 개발을 목표로 할 때는 그룹 활동을 촉진하는 대형 벽화나 공동 미술 프로젝트가 효과적이다. 이러한 매체들은 내담자들이 사회적 상호작용을 경험하게 하고, 그 과정에서 협력과 소통의 중요성을 학습하도록 돕는다.

4) 매체의 치료적 효과

미술치료에서 매체 선택은 치료 과정의 성공을 좌우하는 중요한 요소이며, 각 매체는 독특한 치료적 특성을 보인다. 적절한 매체를 선택함으로써 내담자의 심리적 상태와 필요에 맞는 치료 효과를 극대화할 수 있다.

(1) 각 매체의 치료적 특징

① 수채화

물감이 흘러내리는 특성은 자유로운 표현을 촉진하며, 억압된 감정이나 불안을 가진 내담자들이 통제되지 않은 감정을 부드럽게 해소하는 데 도움이 된다. 수채화는 감정적 해방이 필요한 내담자들에게 적합하며, 자유로움과 개방성을 제공해 감정의 흐름을 시각적으로 표현하는 데 탁월하다.

② 조소 및 점토 작업

물리적 압력을 요구하는 작업으로, 내담자가 자신의 감정적 에너지를 구체적인 작품으로 발산하게 한다. 집중력과 인내심을 기르는 데 효과적이며, 신체적 활동을 통해 정서적 긴장을 완화할 수 있다. 이러한 매체는 억눌린 분노나 강한 감정을 가진 내담자들에게 적합하다.

③ 드로잉

신속한 피드백과 즉각적인 수정이 가능한 매체로, 내담자가 자신의 감정과 생각을 시각적으로 표현하고 반영할 수 있다. 드로잉은 자기 인식을 높이고,

감정을 시각적으로 구체화하면서 자기 성찰을 돕는 데 유용하다. 이를 통해 내담자는 자기 내면을 탐구하고 정서적 균형을 찾을 수 있다.

매체의 특성

미술매체의 특성 (Landgarten, 1987)

(2) 특정 상황에 적합한 매체 선택

① 스트레스 해소

스트레스가 많은 내담자에게는 음악이나 춤과 같은 비시각적 매체도 치료적으로 유용하다. 음악은 감정을 안정시키고 집중력을 높이는 데 도움을 주며, 리듬과 멜로디를 통해 스트레스 해소와 감정 조절을 촉진한다. 춤은 신체적 활동을 통해 긍정적인 감정을 유발하며, 억눌린 에너지를 발산하게 도와준다.

② 사회적 고립감 해소

고립감이나 소외감을 느끼는 내담자들에게는 그룹 미술 활동이 도움이 된다. 그룹 활동은 참가자들 간의 상호작용을 촉진하며, 협력과 소통을 통해 사회적 기술을 발달시키는 데 효과적이다. 공동 작업은 팀워크와 협동의 중요성을 배우게 하고, 개인적인 고립감을 완화한다.

③ 개인적 내면 탐구

깊은 개인적 고민이나 내면의 갈등을 가진 내담자에게는 개인적인 회화나 조각 작업이 적합하다. 이러한 작업은 내담자가 자신의 감정과 생각을 깊이 탐구하고, 내면의 복잡한 문제를 표현할 수 있는 매개체를 제공한다. 이를 통해 내담자는 자신의 문제를 시각화하고 정리하는 기회를 얻게 된다. 매체 선택은 내담자의 개별적 상태와 목표에 따라 달라지며, 적절한 매체를 사용함으로써 치료 효과를 극대화할 수 있다.

5) 내담자의 기술 수준과 매체 선택

미술치료에서 내담자의 기술 수준을 고려한 매체 선택은 치료의 효율성을 높이고, 내담자의 적극적인 참여를 유도하는 데 중요한 역할을 한다. 내담자가 자기 기술 수준에 맞는 매체를 사용할 때, 자연스럽게 자신감이 생기고 창작 활동에 몰입할 수 있게 되며, 이에 따라 치료적 성과가 극대화된다.

(1) 초보자와 전문가에게 적합한 매체

내담자의 미술 기술 수준은 초보자부터 전문가까지 다양하며, 각 수준에 맞는 매체를 신중하게 선택해야 한다. 초보자에게는 기술적 요구가 낮고 사용이 쉬운 매체를 제공하여 미술 활동에 쉽게 접근할 수 있도록 돕는 것이 중요하다. 예를 들어, 크레용, 수채화 물감은 사용법이 간단하고 결과물이 빠르게 나타나기 때문에 초보자가 즉각적인 성취감을 느낄 수 있다. 이러한 매체는 미술에 익숙하지 않은 내담자도 부담 없이 참여하게 만들어 창작에 대한 두려움을 줄이고 자신감을 북돋을 수 있다.

반면에, 전문가 수준의 내담자에게는 더 복잡하고 세밀한 작업이 가능한 매체가 적합하다. 유화나 조각과 같은 매체는 더 높은 수준의 기술과 정교한 작업을 요구하며, 이는 전문가에게 도전적이지만 만족스러운 경험을 제공한다. 이러한 매체는 창의적 표현의 깊이를 확장하게 시킬 뿐만 아니라, 자기 기술을 더욱 발전시키고 새로운 기법을 탐구하는 기회를 제공한다.

(2) 기술 습득 속도와 매체 선택의 연관성

내담자가 새로운 기술을 배우고 습득하는 속도 또한 매체 선택에 중요한 요소로 작용한다. 빠르게 기술을 습득할 수 있는 내담자에게는 다소 도전적인 매체를 제공함으로써 학습 동기를 자극하고 창의력을 촉진할 수 있다. 예를 들어, 드로잉이나 아크릴화는 처음에는 복잡하게 느껴질 수 있지만, 내담자가 기초적인 기술을 익힌 후에는 다양한 기법과 스타일을 탐구하는 데 활용할 수 있다. 이를 통해 내담자는 자기 표현력을 확장하게 시키며, 창작의 즐거움과 성취감을 더욱 느낄 수 있다.

반대로, 기술 습득 속도가 느린 내담자에게는 접근성이 좋은 매체를 제공하여 처음부터 창작의 재미와 성취감을 경험할 수 있도록 해야 한다. 물감이나 크레용처럼 간단하면서도 결과물을 빠르게 얻을 수 있는 매체는, 초보자가 부담 없이 참여하고 창작의 즐거움을 느끼게 만드는 데 효과적이다. 이처럼 쉬운 작업에서 출발해 점차 복잡한 작업으로 나아가는 단계적 접근은 내담자의 기술 발전을 자연스럽게 도와준다.

내담자의 기술 수준과 습득 속도를 고려한 매체 선택은 미술치료의 성공적인 진행을 위해 필수적이다. 적절한 매체를 선택함으로써 내담자는 자신 있게 창작 활동에 몰두할 수 있으며, 이를 통해 심리적, 정서적 성장에 필요한 중요한 경험을 쌓을 수 있다. 기술적 도전과 창작의 즐거움을 동시에 느낄 수 있는 환경을 제공함으로써 내담자의 치료 과정이 더욱 풍부해지고, 그들이 창의적 잠재력을 발휘하는 기회를 극대화할 수 있다.

6) 환경과 자원에 따른 매체 선택

미술치료에서 환경과 사용할 수 있는 자원은 매체 선택에 큰 영향을 미친다. 적절한 매체를 선택함으로써 치료의 효과를 극대화하고, 내담자의 상황에 맞춰 최적의 치료 환경을 조성할 수 있다. 이러한 선택은 내담자와 치료사 모두에게 효과적인 치료 과정을 제공하는 데 필수적이다.

(1) 치료 환경에 따른 적절한 매체 선택

치료가 이루어지는 환경은 매체 선택에 큰 영향을 미친다. 공간이 협소한 경우, 크기가 크거나 다루기 어려운 매체를 사용하는 데 제한이 있을 수 있다. 이런 상황에서는 소형 스케치북, 수채화 세트, 또는 크레용처럼 간편하고 정리가 쉬운 매체가 적합하다. 이러한 매체는 좁은 공간에서도 충분한 창작 활동을 가능하게 하며, 내담자가 자신의 감정과 생각을 표현하는 데 불편함을 느끼지 않도록 도와준다.

반면, 넓은 공간이나 야외에서의 치료 세션은 대형 캔버스나 조각처럼 더 큰 스케일의 작업을 가능하게 한다. 이러한 작업은 내담자에게 신체적 에너지를 발산할 기회를 제공하며, 물리적인 활동을 통해 창의적이고 동적인 경험을 선사한다. 넓은 공간에서는 내담자가 자유롭게 움직이며 더 큰 움직임으로 작품을 완성할 수 있어, 심리적 해방감과 자율성을 촉진할 수 있다.

(2) 내담자와 치료사의 물리적 제한과 매체 선택

내담자나 치료사의 물리적 제한 또한 매체 선택에 중요한 고려 요소다. 예를 들어, 운동 능력이 제한된 내담자는 손쉽게 조작할 수 있는 소프트 파스텔이나 크레용 같은 매체가 적합하다. 이러한 매체는 적은 신체적 힘으로도 쉽게 사용할 수 있어, 내담자가 부담 없이 표현의 즐거움을 느낄 수 있게 한다. 이는 내담자에게 자신감을 심어주고 성취감을 느끼도록 돕는 데 효과적이다.

반면, 치료사가 물리적으로 도울 수 있는 범위가 제한적인 경우에는 설치와 정리가 간편한 매체를 사용하는 것이 치료의 원활한 진행을 보장한다. 예를 들어, 간단한 준비와 정리가 가능한 매체는 치료사의 물리적 부담을 덜어주고, 내담자가 자율적으로 작업을 이어갈 수 있는 환경을 제공한다.

7) 매체 선택의 유연성

미술치료에서 매체 선택의 유연성은 치료 과정에서 내담자의 변화를 반영하고, 최적의 치료 효과를 달성하는 데 중요한 역할을 한다. 내담자의 상태가 발전하거나 치료 목표가 변경될 때, 매체를 적절히 전환함으로써 치료의 연속성과 적응성을 유지할 수 있다.

(1) 내담자의 변화에 따른 매체 전환의 중요성

내담자의 심리적 상태와 치료 과정이 진행됨에 따라 적합한 매체를 유연하게 전환하는 것은 미술치료에서 중요한 요소다. 치료 초기에는 감정을 표현하는 데 어려움을 겪는 내담자에게 드로잉이나 수채화처럼 자유롭고 즉흥적인 표현이 가능한 매체가 적합하다. 이러한 매체는 내담자가 자신의 감정을 탐색하고 점차적으로 표출할 수 있는 기회를 제공한다.

이후 내담자가 내면을 더 깊이 이해하고 정서적으로 안정감을 갖게 되면, 조소나 유화처럼 더 섬세하고 집중적인 작업이 가능한 매체로 전환할 수 있다. 이러한 과정은 내담자의 심리적 발달 수준과 정서적 준비도를 신중히 고려하여 이루어져야 하며, 이를 통해 내담자가 자신의 내면 세계를 보다 창의적이고 심층적으로 표현할 수 있도록 돕는다.

(2) 다양한 매체 병행의 장점

다양한 매체를 병행하는 접근은 내담자에게 더 폭넓은 치료 경험을 제공하며, 심리적, 정서적 성장을 촉진하는 데 매우 유익하다. 다양한 매체는 내담자가 다양한 감정과 사고를 탐구할 수 있는 여러 통로를 제공한다. 예를 들어, 드로잉은 즉각적이고 직접적인 감정 표현을 가능하게 하며, 조소는 물리적인 집중과 인내를 요구하는 작업으로 장기적인 심리적 성숙을 돕는다.

이러한 다양한 경험은 서로 보완적이며, 내담자가 다양한 감정적 반응을 탐구하고 자기 인식을 확장하는 데 도움이 된다. 매체 선택의 유연성은 치료 과정을 풍부하게 하며, 내담자가 자신의 내면세계를 더욱 깊이 이해하고 표현할 수 있도록 한다. 환경과 자원, 그리고 유연한 매체 선택은 미술치료의 효과적인 진행을 위해 필수적인 요소이다. 치료사가 이러한 요소들을 고려하여 매체를 신중하게 선택함으로써, 내담자는 자신에게 가장 적합한 환경에서 심리적 성장을 촉진하고 내면의 문제를 탐구할 수 있다. 치료 과정 중 내담자의 상태나 목표가 변할 때 유연하게 매체를 전환하는 것은 치료의 연속성을 유지하고 내담자의 성장을 극대화하는 중요한 방법이다.

8) 안전성과 매체 선택

미술치료에서 안전성은 매체 선택 시 반드시 고려해야 할 중요한 요소이다. 내담자의 신체적, 알레르기적 제한을 충분히 고려하지 않으면 치료 효과를 저해할 수 있으며, 잘못된 매체 선택은 치료의 성공을 가로막는 요인이 될 수 있다. 따라서 내담자의 건강 상태와 특수한 요구에 맞춰 적절한 매체를 선택하는 것이 필수적이다.

(1) 내담자의 신체적 제한과 안전한 매체 선택

특수한 요구를 가진 내담자, 특히 아동이나 노약자와 같은 대상에게는 매체 선택 시 안전성을 우선적으로 고려해야 한다. 아동의 경우, 호기심이 많아 미술 재료를 입에 가져가는 경우가 흔하기 때문에 비독성 재료와 삼킬 위험이 없는 크기의 매체를 사용하는 것이 중요하다. 무독성 크레용이나 큰 크기의 조형 도구는 안전하게 사용할 수 있는 적합한 선택이다.

노약자나 신체적으로 제한된 내담자의 경우에는 조작이 쉽고 신체적 부담이 적은 매체가 필요하다. 부드러운 파스텔이나 큰 손잡이가 있는 붓은 운동 능력이 떨어지거나 신체적인 힘이 약한 내담자에게 적합하다. 또한, 작업 공간을 내담자의 상태에 맞게 조정하는 것도 중요하다. 작업대의 높이, 도구의 배치, 보조 도구의 활용은 내담자의 편안함과 안전을 보장하는 데 필수적이다.

치료사는 내담자의 신체적 상태와 한계를 존중하며, 적절한 매체와 환경을 제공함으로써 치료 과정에서 안전성과 편안함을 극대화해야 한다. 이러한 접근은 내담자가 치료에 안정적으로 참여하고 긍정적인 경험을 얻을 수 있도록 돕는다.

(2) 매체의 재료 구성 및 내담자의 알레르기 반응 고려

매체를 선택할 때는 내담자가 재료에 대한 알레르기나 부작용이 없는지 면밀히 확인해야 한다. 미술치료에서 사용하는 매체에는 다양한 화학적 성분이 포함될 수 있으므로, 내담자가 특정 재료에 민감한 반응을 보일 가능성을 미리 파악하는 것이 중요하다.

예를 들어, 라텍스를 함유한 재료나 강한 화학적 냄새를 내는 매체는 일부 내담자에게 알레르기 반응을 일으킬 수 있다. 이를 방지하기 위해서는 치료 전에 내담자의 알레르기 이력을 철저히 조사하고, 필요한 경우 매체에 사용된 성분을 꼼꼼하게 확인해야 한다. 만약 알레르기 반응 가능성이 있는 내담자라면, 알레르기 유발 성분이 없는 대체 매체를 사용하여 치료 과정에서 발생할 수 있는 건강상의 문제를 예방해야 한다.

안전한 재료 사용은 내담자의 심리적 안정감을 높이는 데도 이바지하며, 이에 따라 치료에 대한 내담자의 신뢰가 증대된다. 안전한 매체의 선택은 내담자에게 안전하고 쾌적한 치료 환경을 제공함으로써 미술치료의 효과를 극대화할 수 있다. 내담자의 특수한 요구와 신체적 제한, 그리고 알레르기 반응을 철저히 고려함으로써 치료사는 내담자에게 적합한 매체를 선정할 수 있으며, 내담자가 안전하고 효과적으로 미술치료에 참여할 수 있도록 해야 한다.

7. 미술치료 기대 효과

미술치료는 단순한 예술적 창작 활동을 넘어, 개인이 자신의 내면세계를 탐구하고 감정과 생각을 표현하며 심리적 치유와 성장을 촉진하는 강력한 도구로 작용한다. 이는 감정적 안정, 스트레스 감소, 자기 인식의 심화, 그리고 사회적 상호작용 능력의 향상과 같은 다양한 긍정적인 변화를 유도한다.

미술치료는 창작을 통해 개인이 감정과 생각을 명확하게 인식하고 조절하는 능력을 강화하며, 새로운 자기 인식을 형성하는 과정에서 자기 성장에 이바지한다.

1) 심리적 안정감 향상

미술치료는 개인에게 심리적 안정감을 제공하는 효과가 크다. 창작 과정에서 내담자는 다양한 미술 요소(색채, 형태, 리듬 등)를 사용해 자신의 감정을 표현하면서 스트레스를 완화하고 불안과 우울감을 해소할 수 있다. 이러한 과정은 심리적 이완을 촉진하며, 개인이 내면의 균형을 찾도록 돕는다.

예를 들어, 강렬한 색채를 사용해 감정을 표현함으로써 개인은 자신의 감정 상태를 더 명확하게 인식하고, 이를 통해 내면의 갈등을 해소하며 감정적 안정감을 찾는다. 이러한 심리적 안정감은 일상생활에서 더 나은 정서적 조절 능력을 갖추도록 돕는다.

2) 스트레스 감소와 감정 조절 능력 강화

미술치료는 스트레스를 줄이고 감정 조절 능력을 강화하는 데 중요한 역할을 한다. 창작 활동을 통해 개인은 자신의 감정과 내면의 혼란을 시각적으로 표현하며, 그 과정에서 심리적 해소와 정화의 경험을 할 수 있다. 예술적 창작은 몰입(flow) 상태를 유도하여 스트레스를 유발하는 외부 요인에서 벗어나게 하며, 불안을 해소하고 감정적 안정을 찾는 데 도움을 준다. 또한, 개인은 미술작품 속에서 감정의 흐름을 조절하는 연습을 하며, 일상생활에서 감정을 더 건강하게 관리하는 기술을 개발하게 된다.

예를 들어, 추상적인 그림을 통해 억눌린 감정이나 분노를 시각적으로 표현하는 것은 감정의 해소와 조절에 큰 도움을 준다.

3) 자아 인식의 심화와 자기 인식의 증진

미술치료는 자아 인식을 심화시키고, 개인의 자기 인식을 증진하는 데 중요한 역할을 한다. 미술작품을 통해 개인은 자신의 내면세계를 탐색하며, 이를 시각적으로 드러냄으로써 더 깊이 있는 자기 이해를 도모할 수 있다.

예를 들어, 자화상을 그리는 과정에서 개인은 자신을 어떻게 바라보는지, 자신이 느끼는 감정과 내면의 상처를 시각적으로 드러낸다. 이는 자기 성찰의 기회를 제공하며, 스스로에 대한 긍정적인 재해석을 가능하게 한다. 또한, 미술치료는 개인이 자신의 잠재된 능력을 발견하고, 자기 존중감을 높이는 데 이바지한다.

4) 창의성과 집중력 증진

미술치료는 창의적 사고와 집중력을 증진하게 시키는 효과가 있다. 개인은 미술 활동을 통해 새로운 아이디어를 탐색하고 해결책을 모색하며, 그 과정에서 집중력을 지속해서 훈련하게 된다.

예를 들어, 자신만의 작품을 창조하는 과정에서 개인은 문제를 해결하는 새로운 방법을 발견하며, 이를 통해 창의적 사고 능력을 강화할 수 있다. 이러한 경험은 일상생활에서도 적응력과 문제 해결 능력을 향상하게 시키며, 내담자가 더 나은 자아 인식을 형성할 수 있도록 돕는다.

5) 사회적 기술 및 상호작용 능력 향상

미술치료는 사회적 상호작용 능력을 향상하게 시키는 데 이바지한다. 특히 그룹 미술치료에서는 다른 참가자들과의 상호작용을 통해 대인관계 기술을 연습할 수 있는 기회를 제공한다.

그룹 활동을 통해 개인은 의사소통과 협력의 기술을 배우며, 이를 통해 타인과의 관계를 더 원활하게 유지할 수 있게 된다. 작품을 공유하고 피드백을 주고받는 과정은 상호 간의 공감 능력을 강화하며, 이는 사회적 관계를 개선하는 데 중요한 역할을 한다.

결론적으로 미술치료는 창작을 통해 개인이 자신의 내면세계를 탐구하고, 감정적 치유와 자기 이해를 돕는 강력한 도구이다. 스트레스 감소, 감정적 안정, 자아 인식의 심화, 창의성과 집중력 증진, 사회적 상호작용 능력 향상 등 미술치료가 제공하는 다양한 심리적 이점은 개인이 더욱 건강하고 균형 잡힌 삶을 살 수 있도록 돕는다.

8. 미술치료사의 윤리적 문제

미술치료는 일반적인 심리치료와 같은 윤리적 원칙을 공유하지만, 미술작품이라는 구체적인 결과물이 존재하기 때문에 그에 따른 추가적인 윤리적 고려가 필요하다. 특히, 작품의 소유권, 보관 문제, 심리검사로의 활용 등에서 발생할 수 있는 윤리적 문제는 치료 과정의 투명성과 신뢰성을 유지하는 데 매우 중요하다.

한국에서는 미술치료와 관련된 윤리적 문제에 대한 연구가 아직 부족한 상황이지만, 미국 미술치료 윤리기준과 한국 상담학회와 한국사회복지학회의 윤리기준을 참고해 미술치료사의 윤리적 책임을 구체적으로 살펴볼 수 있다. 이 장에서는 미술치료사, 치료 대상자와의 관계, 작품의 관리와 소유권 등 주요 윤리적 쟁점을 다루고자 한다.

1) 미술치료사

치료사의 전문성과 윤리적 책임감은 미술치료의 성공에 중대한 영향을 미친다. 미술치료사는 자신의 역량을 정확히 인식하고, 지속적인 자기 계발을 통해 전문성을 유지하며 성장해야 한다. 또한, 자신의 한계를 넘어서는 치료 시도는 윤리적 문제가 될 수 있으므로, 필요한 경우 다른 전문가와 협력하거나 대상자를 적절한 치료사에게 의뢰하는 것이 중요하다.

(1) 전문적 자격

미술치료사는 자신의 교육, 훈련, 경험에 기반해 자격 범위 내에서만 치료를 제공해야 하며, 자격을 넘어서는 치료 시도는 피해야 한다.

(2) 지속적인 교육

최신 치료 기법과 이론을 습득하기 위해 지속해서 교육과 연구에 참여해야 하며, 이를 통해 치료 효과를 극대화할 책임이 있다.

(3) 윤리적 판단력

윤리적 갈등 상황을 적절히 해결할 수 있는 윤리적 판단력을 갖추는 것이 필수적이며, 이를 위해 정기적인 윤리 교육에 참여해야 한다.

(4) 문화적 민감성

미술치료사는 치료 대상자의 문화적 배경과 개인적 차이를 존중해야 하며, 치료 과정에서 신뢰 관계를 형성하는 것이 중요하다.

2) 치료 대상자와의 관계

치료 대상자와의 관계에서 미술치료사의 가장 기본적인 의무는 대상자의 복지를 증진하게 시키고, 인격을 존중하는 것이다. 치료가 시작되기 전에 치료사는 대상자에게 치료의 목적, 과정, 사용될 기법 등을 명확히 설명해야 한다. 이러한 투명성은 대상자의 신뢰를 얻는 데 필수적이며, 치료의 효과성도 높일 수 있다.

(1) 투명한 의사소통

치료 시작 전 치료 조건, 목표, 사용될 기법, 치료 절차에 대해 명확히 설명해야 하며, 이를 통해 대상자가 치료 과정을 명확히 이해하고 참여할 수 있도록 해야 한다.

(2) 비밀보장

비밀 유지는 치료사와 대상자 관계에서 가장 중요한 윤리적 의무 중 하나이다. 치료 대상자가 치료사에게 공유한 모든 정보는 법적 혹은 윤리적 이유가 없는 한 제3자에게 공개되어서는 안 된다. 이는 대상자가 안심하고 자신의 문제를 자유롭게 표현할 수 있도록 돕는 중요한 요소이다. 비밀보장은 치료사와 대상자 간의 신뢰를 구축하고, 대상자가 자신의 문제를 솔직하게 표현할 수 있는 안전한 환경을 조성하는 데 필수적이다.

Tip!

■ 비밀보장의 예외

⊙ 치료 대상자의 동의 없이 법이나 규제 때문에 공개가 요구되는 경우
: 바람직한 목적을 달성하는 데 필요한 최소한의 비밀정보를 공개해야 한다. 또한 공개되어야 달성이 가능한 목적과 직접 관련이 있는 정보만이 공개되어야 한다.

⊙ 법적 요건 또는 치료 대상자의 동의에 근거하여 정보를 공개하는 경우
: 정보가 공개되기 전에 비밀정보의 공개 및 잠재적인 결과에 대해 최대한으로 치료 대상자에게 알려주어야 한다.

⊙ 비밀의 본질과 비밀보장에 대한 치료 대상자의 권리 제한에 관하여 치료 대상자 및 기타 이해 당사자의 논의가 필요한 경우
: 치료 대상자나 치료 대상자와 동일시되는 사람에게 예상될 수 있는 피해를 방지하기 위해서다.

미술치료사의 윤리 강령에서 비밀보장은 치료 대상자의 개인정보를 보호하는 핵심 원칙으로 작용한다. 치료 초기에 비밀보장의 한계를 명확히 알리는 것은 치료의 범위와 책임을 분명히 하고, 치료 과정의 투명성을 높이는 데 기여한다. 이는 대상자가 자신의 권리와 의무를 정확히 이해하도록 돕고, 신뢰감 있는 치료 환경에서 자신의 문제를 보다 자유롭게 표현할 수 있도록 지원한다.

■ 비밀보장의 예외 사항

비밀보장은 대상자의 정보를 보호하기 위한 원칙이지만, 특정 상황에서는 예외가 허용된다. 이러한 예외는 치료사에게 법적·윤리적 책임을 부여하며, 대상자와 사회의 안전을 보장하는 데 기여한다.

① 위험 상황

치료 대상자가 자신이나 타인에게 해를 끼칠 가능성이 명확할 경우, 치료사는 법적·윤리적 의무에 따라 정보를 공개해야 한다. 예를 들어, 자살 위험이 있거나 타인에 대한 폭력이 예상되는 경우가 이에 해당한다.

② 법적 요구

법원의 명령이나 소환에 따라 치료 기록이 요청될 경우, 치료사는 법적 요구를 준수하여 정보를 제공해야 한다. 또한, 아동학대나 노인학대, 가정폭력 등 사례가 확인되거나 의심될 경우, 관계 기관에 이를 보고할 의무가 있다.

③ 교육 및 연구 목적

교육이나 연구 목적으로 정보를 사용할 경우, 대상자의 동의를 필수적으로 받아야 하며, 대상자의 정체성을 보호하기 위해 익명화와 같은 조치가 필요하다. 이는 전문적 목적과 개인정보 보호를 조화시키는 중요한 기준이다.

④ 긴급 의료 상황

대상자의 건강이나 생명이 위협받는 경우, 치료사는 의료진에게 필요한 정보를 제공하여 적절한 처치가 이루어지도록 해야 한다.

⑤ 의사결정 능력 제한

대상자가 심각한 정신적 장애나 기타 이유로 인해 의사결정을 내릴 수 없는 경우, 법적 대리인이나 보호자에게 정보를 제공할 필요가 있다.

비밀보장의 예외가 적용될 경우에도 정보 공개는 반드시 적절한 전문가나 관계 기관에 한정되며, 대상자의 동의를 사전에 확보하고 상황 해결에 필요한 최소한의 정보만 공개해야 한다. 대상자의 정체성이 외부에 노출되지 않도록 익명화 등 철저한 보호 조치를 시행하는 것도 필수적이다. 결론적으로, 비밀보장의 원칙과 그 예외는 미술치료에서 윤리적·법적 기준을 준수하며 치료 대상자의 권리와 안전을 보호하는 데 중요한 역할을 한다. 치료 시작 전에 비밀보장의 한계를 명확히 알리고, 예외 상황에서도 동의와 보호 조치를 철저히 이행함으로써, 치료 과정의 투명성과 신뢰를 강화하고 안정감 있는 치료적 관계를 형성할 수 있다.

3) 치료 대상자와의 권리

미술치료사는 치료 대상자가 치료 과정에 대한 주도권을 갖도록 돕는 것이 중요하다. 치료 대상자는 치료 참여 여부와 치료사를 선택할 권리가 있으며, 자신의 치료에 대해 적극적인 통제권을 가질 수 있어야 한다. 이는 대상자가 자신에게 가장 적합한 결정을 내릴 수 있도록 하여, 치료 과정에 대한 자율성을 부여한다는 점에서 매우 중요하다.

(1) 치료 참여 결정권

치료 대상자는 자신이 치료에 참여할지를 선택할 권리가 있다. 이는 성인뿐만 아니라 미성년자나 자발적 동의가 어려운 대상에게도 같이 적용되며, 이들의 권리를 존중하는 것이 치료사의 윤리적 책임이다.

(2) 최선의 복지 고려

미성년자나 자발적 동의가 어려운 사람의 경우, 치료사는 그들의 최상의 복지를 고려해 치료 결정을 내려야 하며, 대상자의 권리와 복지가 최우선으로 고려되어야 한다. 이러한 접근은 대상자의 권리 존중과 윤리적 실천을 강화한다.

4) 미술작품의 윤리적 고려

미술치료 과정에서 치료 대상자의 미술작품은 개인의 내면을 반영하는 중요한 자료이다. 그러나 종종 치료 대상자의 미술작품이 사적인 자료로 취급되지 않거나, 비밀스러운 의사소통의 수단으로 간주하지 않는 경우가 발생한다. 따라서 미술치료사는 작품의 비밀 유지, 전시 및 취급이 관련된 윤리적 문제를 충분히 인지하고, 치료 대상자의 권리와 작품의 보호를 최우선으로 고려해야 한다.

(1) 작품의 비밀 유지

미술치료에서 생성된 작품은 치료 대상자의 내밀한 감정과 생각을 담고 있으므로, 치료 대상자의 개인정보와 동일한 수준으로 비밀이 보장되어야 한다. 작품이 제3자에게 유출되거나 공유되지 않도록 적절한 보안 조치가 이루어져야 하며, 작품의 비밀 유지를 통해 치료 대상자의 신뢰를 보호할 수 있다.

(2) 개인정보 보호

작품은 대상자의 개인적 정보와 같이 보호되며, 그들의 감정적 표현이 노출되지 않도록 각별한 주의가 필요하다. 이 비밀 유지는 치료사와 대상자 간의 신뢰 형성에 필수적이다.

(3) 작품 전시

치료 대상자의 동의 없이 그들의 작품을 전시하는 것은 윤리적으로 부적절하다. 전시를 고려하는 경우, 대상자에게 충분한 설명과 상의를 거친 후, 명시적인 동의를 반드시 받아야 한다. 또한, 전시의 목적과 방법, 그리고 예상되는 결과에 대해 투명하게 정보를 제공하여 대상자가 스스로 결정을 내릴 수 있도록 해야 한다.

(4) 전시 동의

전시는 대상자의 자발적 동의를 바탕으로 이루어져야 하며, 대상자가 전시에 따른 장단점과 영향에 대해 충분히 이해한 상태에서 이루어져야 한다.

(5) 작품 다루기

미술치료사는 작품을 다루는 과정에서도 최대한의 존중을 기울여야 한다. 작품은 대상자의 심리적, 감정적 표현을 담고 있으므로, 이동, 저장, 보존 과정에서 신중하게 취급되어야 한다. 작품의 훼손이나 변형을 방지하기 위해 보존 상태를 철저히 관리하며, 이를 통해 대상자의 권리와 작품의 무결성을 보호해야 한다.

(6) 작품의 취급

작품의 보관과 운반은 치료사의 책임하에 이루어져야 하며, 이 과정에서 작품에 대한 세심한 관리가 필수적이다. 치료사는 작품을 다루는 모든 과정에서 대상자의 복지를 최우선으로 고려해야 한다.

미술치료에서 치료 대상자의 작품은 단순한 예술적 결과물이 아닌, 대상자의 정서와 심리적 상태를 반영하는 중요한 자료다. 따라서 비밀 유지, 작품 전시, 취급 과정에서 윤리적 원칙을 철저히 준수하는 것이 치료사의 중요한 책임이며, 이는 대상자의 신뢰와 심리적 안정감을 유지하는 데 중요한 역할을 한다.

5) 작품의 보관

미술치료 과정에서 생성된 미술작품은 중요한 치료 자료로 간주하며, 치료 대상자의 심리적 상태와 치료 경과를 반영하는 중요한 정보들을 담고 있다. 따라서 미술치료사는 면섭 기록, 심리검사 결과, 치료 과정의 관찰 기록, 녹화 테이프와 같은 자료들과 마찬가지로 미술작품을 적절하게 보관해야 한다. 이때 비밀 유지는 필수적이며, 자료를 외부에 공개할 때 반드시 치료 대상자의 명백한 동의가 필요하다. 또한, 정보가 공개될 때는 개인정보 보호를 철저히 해야 하며, 자료의 보관과 처리 과정에서 법적 및 윤리적 책임을 다해야 한다.

일부 미술치료사는 치료 대상자가 자기 작품을 소유해야 한다고 생각할 수 있으나, 작품이 법적 또는 의학적 기록으로 간주할 수 있는 상황에서는 안전한 보관이 필요하다. 특히, 학대나 가정 폭력, 정신적 외상 등과 같은 민감한 문제와 관련된 작품은 법적 증거 또는 의료 기록으로도 사용될 수 있으므로, 이러한 작품은 반드시 안전하게 보관되어야 한다. 이는 치료 대상자의 보호와 법적 요구 사항을 충족시키기 위한 필수적인 절차다.

6) 작품의 소유권

미술치료 과정에서 작품의 소유권 문제는 복잡한 윤리적 및 법적 쟁점을 포함하고 있다. 일반적으로 미술작품은 치료 대상자의 개인적 표현물로 간주되며, 대상자의 소유로 인정되는 것이 일반적이다. 그러나 치료 과정에서 작품이 어떻게 활용되고 소유권이 누구에게 귀속되는지는 명확한 규정과 합의가 필요하다.

미술치료사는 초기 상담 단계에서 작품의 소유권에 대해 대상자와 명확히 논의하고 합의해야 한다. 이는 작품이 치료실에 보관될지, 대상자에게 반환될지, 아니면 연구나 교육 등 다른 목적으로 사용될지를 포함하며, 이러한 사용에 대한 대상자의 동의는 반드시 문서화 되어야 한다. 특히, 연구나 교육 목적으로 작품을 활용할 경우, 대상자의 명시적 동의를 얻는 것이 필수적이며, 작품이 치료대상자의 정체성과 권리를 침해하지 않는 방식으로 사용되도록 보장해야 한다.

또한, 작품이 법적 증거로 사용되거나 의료 기록의 일부로 포함되어야 하는 상황에서는 대상자의 권리와 작품 보존의 필요성을 신중하게 조율해야 한다.

이 과정에서 치료사는 치료 대상자가 자신의 작품이 어떻게 다루어질지 명확히 이해할 수 있도록 충분히 설명해야 하며, 대상자의 동의와 관련 법적 절차를 철저히 준수해야 한다.

치료 대상자의 작품 소유권을 존중하는 것은 그들의 창작물에 대한 인격적 권리를 인정하는 것이며, 이는 치료 과정에서 신뢰를 구축하고 대상자를 존중하는 중요한 표현이다. 미술치료사는 이러한 문제를 충분히 이해하고, 대상자와 투명하게 소통하며, 모든 조치가 윤리적이고 적법하게 이루어질 수 있도록 해야 한다.

7) 심리검사로의 활용

미술치료에서 미술 진단검사는 치료 대상자의 심리 상태를 평가하는 중요한 도구로 사용될 수 있지만, 이와 관련하여 여러 윤리적이고 실질적인 쟁점이 제기된다. 미술 진단검사는 주로 투사검사의 한 형태로 유용성이 인정되지만, 많은 경우 표준화가 부족하거나 충분히 검증된 방법론이 결여되어 있다는 비판을 받는다. 이는 개별 치료 대상자에 대한 정확하고 신뢰할 수 있는 심리적 평가를 제공하는 데 제한이 있을 수 있음을 시사한다.

또한, 미술 진단검사의 해석은 치료사의 개인적 경험과 전문성에 크게 의존하기 때문에 주관성이 개입될 가능성이 크다. 이러한 주관성은 검사 결과의 신뢰성을 저하시킬 수 있으며, 해석 과정에서 오류가 발생할 위험을 높인다. 이로 인해 잘못된 진단이나 부적절한 치료 계획으로 이어질 수 있고, 궁극적으로 치료 대상자의 심리적 안정과 성장에 부정적인 영향을 미칠 수 있다.

미술 진단검사를 활용할 때는 검사 목적, 과정, 한계, 그리고 결과 해석 방법에 대해 치료 대상자에게 충분히 설명해야 하며, 대상자의 명시적 동의를 반드시 얻어야 한다. 치료 대상자는 검사 결과가 어떻게 활용될지와 그 한계를 명확히 이해할 수 있어야 하며, 이를 통해 치료 과정에 대한 신뢰와 투명성이 확보될 수 있다.

미술 진단검사는 최신 연구와 임상 기준을 반영하여 신중히 사용되어야 하며, 윤리적 적절성을 항상 고려해야 한다. 치료사는 검사 결과를 최대한 객관적이고 과학적인 근거를 바탕으로 해석하고 적용해야 하며, 이를 통해 진단과 치료가 체계적으로 이루어질 수 있도록 해야 한다.

결론적으로, 미술 진단검사와 같은 심리검사는 치료사의 엄격한 윤리적 기준과 지속적인 전문적 훈련에 기반하여 사용되어야 한다. 검사 결과는 치료 대상자의 심리적 안정과 개인적 성장을 지원하는 데 초점이 맞춰져야 하며, 치료 과정에서 긍정적이고 발전적인 역할을 수행할 수 있도록 신중하게 해석되고 활용되어야 한다. 이러한 접근은 미술치료의 신뢰성과 효과성을 높이는 동시에, 대상자의 권리와 안전을 보장하는 데 중요한 역할을 한다.

Chapter 02

색채 심리의 개념

1. 색채 심리란 무엇인가?

살아가면서 우리는 주변을 둘러보면 색이 존재하지 않는 곳은 없다. 그러므로 쉽게 색에 대한 인식을 간과하게 된다. 실제 사람의 오감(시각·후각·청각·촉각·미각) 중 87%가 시각을 통해 신체에 영향을 주며, 색은 시각에 가장 큰 비중으로 자극을 주며 우리는 색채를 느끼게 된다.

Tip!

- 색 = 빛이 물체에 반사되어 우리의 눈에 도달하기까지의 과정으로 물질적 현상
- 색채 = 우리가 색을 지각하고 감정을 느끼는 것

괴테(Goethe)는『색채론』에서 '생리색'을 '감정색' 혹은 '정서색'이라고 불렀다. 이는 색이 무언가의 내부와 외부에 상호작용하여 서로에게 영향을 준다는 것을 의미하고, 색이 인간의 감정과 심리에 미치는 영향을 강조하며, 각 색상이 특정한 감정을 유발한다고 한다.

또한 미국의 색채학자 파버 비렌(Faber Biren)은 그의 저서『색채의 영향』을 통해 색채에 대한 생물학적 · 시각적 · 정서적 · 미적 · 영적인 반응과 신체 치료와 마음의 평온을 연구하였다.

이렇듯 사람의 환경과 색이 밀접한 관련이 있으며, 서로의 상호작용이 환경의 색이 사람에게 어떤 영향을 주고 사람이 느끼는 색채가 환경에 어떻게 활용할 수 있는지를 연구하는 것이 "색채 심리"이다.

2. 색채 심리에 관한 연구

1) 색과 감정

색채 심리의 시작은 리처(Richer)가 사람이 색을 보았을 때 색에 따라 특정 반응이 일어나는 것을 발견하고, 이에 따른 색의 공통적인 반응을 연구하면서였다. 이러한 연구에서 색이 사람의 감정에 따라 영향을 미치며 취향과 성향에도 상관관계가 있음을 발견하였다. 그리고 온도감 · 무게감 · 경연감 · 흥분감 · 시간감 · 계절감 및 공감각 같은 감각과 판단에도 색채가 영향을 주는 것을 알 수 있었고 이후 발전하여 색채는 사람들의 성향, 감각, 선호도 등을 고려한 마케팅에서도 활용되고 있다.

2) 색과 신체적 반응

화이트(Whit) · 킬너(Kilner) · 바그날(Bagnall)의 인체의 아우라와 샤머니즘에 행해진 대체의학에서의 색채치료 및 고대 인도 대체의학 아유르베다의 차크라, 베 비트(Bab bit) 박사의 「빛과 색의 원리」 등은 색이 내적인 것뿐 아니라 외적인 피부, 근육, 혈관 등 신체적인 부분에도 영향을 미치는 것을 발견하였다.

3) 색과 무의식

영(Young)은 색채 감지의 3원색에서 '대응'이라는 것을 형성하였는데, 이는 무의식 속의 심상이 외부로 표출될 수 있도록 도와주는 반응 감정을 말한다. 다시 말해 어떠한 색채 표현을 통해 미처 알지 못했던 기억을 떠올리면서 '아하~!' 하는 반응을 일으키게 만든다는 것이다.

융(Jung) 또한 아동기에 억압되고 잠재된 회상을, 그림자를 통해 볼 수 있는데, 숨겨진 어두운 부분은 직접 알아내기 어려워서 무의식적으로 사용하는 색채와 의식적으로 사용하는 색채를 통해 그림자와의 만남을 가능하게 도와준다고 하였다.

이렇게 색은 무의식을 이끌어 줌으로써 색채를 통해 심리를 이끌어 주는 역할을 할 수 있음을 보여주고 있다.

Chapter 03

색채 심리의 역사와 치료적 개념

1. 고대의 색채 심리
2. 중세의 색채 심리
3. 근대의 색채 심리
4. 현대의 색채 심리

1. 고대의 색채 심리

1) 마야문명

고대 마야문명은 원시종교에 의존하였고 질병을 샤먼이나 무당 등으로 치료할 수 있다고 믿었으며 이에 따라 색채 또한 치료적 의미로 사용되었다. 태양의 에너지는 붉은색이나 흰색, 금을 연상시키는 노란색은 변하지 않음의 영원성을 상징하며, 나아가 불멸성을 의미한다. 실제 샤먼의 색채 기도는 여러 가지 색의 양초를 켜두고 기도하는 것으로, 행운과 사랑을 비는 빨간색, 부귀를 바라는 노란색, 건강을 비는 초록색의 의미를 두고 있다고 한다.

2) 고대 이집트

고대 이집트의 유명한 「사자의 서」의 초기 명칭은 '루 누 페레트 엄 헤루(rw nw prt m hrw)'로 그 뜻은 '빛으로 나오기 위한 책(Book of Emerging Forth into the Light)'이다. 이는 색이 악마와 귀신을 물리치고 대항하는 강한 힘을 가지고 있다는 믿음이 강하게 내재되어 있음을 의미한다.

고대 이집트와 바빌로니아의 비문을 해독해 보면 자연에서 산출된 보석이나 희귀 돌들과 그의 색을 지닌 것만으로도 신의 은총과 축복을 받을 수 있다고 여겨져 부적으로 사용되었다. 그리하여 장신구에도 이러한 색을 사용하고 보석과 희귀 돌로 장식하게 되었는데, 아름답기 때문이 아닌 색이 지닌 신성함 때문에 장신구를 지니고 있었다.

3) 고대 그리스 - 아리스토텔레스(Aristotle)

고대 그리스 문명에는 '철학'이 모든 학문을 대표하였고, 도덕, 법률, 종교, 역사, 연금술, 수학, 정치, 의술 등의 모든 지식의 체계를 통달한 학문이었다. 우리에게 잘 알려진 고대 그리스 학자 아리스토텔레스는 눈을 통해 외부 세계를 인식하여 대상을 지각하고, 감각을 통해 세계를 인식한다고 말하며 최초로 '색채이론'을 창시하였다.

고대 철학가에게 빛은 신성한 것으로부터 발산되는 것이기 때문에 색을 영적인 그것이 관련된 것으로 생각하였다.

아리스토텔레스
(Aristotle)

그래서 아리스토텔레스 색은 신이 보내주는 신성한 빛으로 여겼고 하양-검정은 밝고 어둠의 빛의 정도에서 비롯된다고 생각하며, 그는 하양-검정을 가장 중요한 색으로 인식하였다.

또한, 색 중에 빛의 부재일 때 보이는 파랑과 노랑만이 진정한 원색으로 여겼다. 그리하여 어둠 속에 우리가 눈으로 인식하는 색을 파랑, 빛 속에 눈으로 인식하는 색을 노랑으로 보았다. 이는 후에 괴테의 색채론에 영향을 주었으며, 뉴턴이 등장하기 전까지 아리스토텔레스의 색채분류법을 사용하게 된다.

아리스토텔레스의 색채분류법은 엠페도클래스(Empedocles)의 모든 물질을 불, 흙, 공기, 물이라는 4대 원소로 나눈다는 이론을 대입하여 색을 자연의 4원소와 연결 짓는 것이다. 4원소와 색의 연결은 공기와 물은 흰색, 태양을 포함한 불은 빛의 노란색, 흙(땅) 역시 흰색이지만 색이 다양하게 보인다고 하였다. 흙이 다양한 색으로 보이는 이유는 여러 가지 색이 스며들었기 때문이라고 하며 재를 물들였던 습기를 태우면 흰색으로 변하는데 타들어 가는 도중에 검정으로 물들기 때문이라고 땅이 원래 흰색인 이유를 설명하였다. 그리고 그는 "변화하는 도중에 있는 원소들에서 검정은 가장 알맞은 색이다."라고 주장하였고, 이러한 설명으로 흰색과 검은색을 섞으면 나머지 색들이 생겨났다고 믿었다.

그러나 다른 철학자들은 자연이 주는 흰색, 검은색, 빨간색, 초록색을 가장 중요한 색으로 간주하였고, 이러한 기본색을 섞는 것이 다른 색을 만든다는 주장도 있었다.

2. 중세의 색채 심리

1) 게르만족

게르만족의 마법서에는 식물과 약초와 관련하여 질병을 치료하는 효험에 대해 작성되어 있다. 그 책에 의하면 질병의 치료에 적용되는 색채의 상징은 매우 중요한 의미를 띠고 있었다. 어떤 질병이 생기면 그 질병에 특유의 색을 지니고 있었기 때문이었다. 질병에 걸렸을 때 그 피부의 색이나 상처의 색과 같기만 하면 효험이 있을 것이라 보았다. 그러므로 빨간색, 노란색, 검은색은 의술에서 가장 중요한 색으로 생각했다.

당시에 게르만족의 마법서는 말이 되지 않는 것들이 많았지만 추후 시행착오를 거쳐 의학으로도 사용하고 있다.

2) 아울루스 코르넬리우스 켈수스

히포크라테스(Hippocrates)가 창시한 원칙을 따랐던 기원전 1세기경 로마의 의사 켈수스(Aulus Cornelius Celsus)는 의학에 대한 책을 8권 저술하면서 색에 대한 치유에 관심을 가졌다. 때때로 미신적인 부분이 있으나 꽤 실제적인 부분이 많

켈수스(Celsus)

았음을 보여주고 있었다. 약을 제조할 때 식물의 고유색을 사용하여 그는 자신의 마음속에 떠오르는 색을 띤 식물들인 흰 오랑캐꽃, 제비꽃, 백합, 붓꽃, 장미, 사프란 등을 사용하여 약을 처방하였다. 그는 고약으로 검정, 초록, 빨강, 하양 등의 색을 사용하였는데 대부분 "빨간색 고약은 상처를 빨리 아물게 하는 것 같다."라고 기록되어 있다. 이는 게르만족의 마법서와도 유사한 모습을 보인다.

3) 아비켄나

아비켄나(Avicenna)

페르시아인의 가장 위대한 의사 아비켄나(Avicenna)는 아리스토텔레스의 제자로도 잘 알려져 있다. 그의 의학적 태도는 히포크라테스와 켈수스보다도 더 탐구적이고 열성적이었다. 그는 색채가 매우 중요하기 때문에 깊이 연구할 가치가 있다고 생각하며, 그가 쓴 책에는 거의 색에 대한 논의가 모든 페이지에 적혀 있다.

그는 아리스토텔레스의 원소들에 대한 견해를 인정하고 그 원소들의 정신, 감각, 정서들이 관계가 있다고 보았으며, 이러한 요소들이 인간의 기질을 창조한다고 보았다.

게르만족의 마법서와 켈수스와 같이 치료할 때 색채의 상징을 중요하게 여겼는데 그들보다도 더 발전된 치료를 한 것으로 보인다. 예를 들면 혈액순환 혹은 피에 관련된 병을 치료하는 데 빨간색을 많이 사용하였으며, 반대로 흰색은 해열제로 사용하고 쓸개에 생긴 병 또는 염증과 고통에는 노란색을 사용하였다.

또한, 환자의 병을 치료할 때 "황달에 걸리면 소변의 색이 짙은 붉은색으로 변해 거의 검게 변한다.", "간이 나빠졌을 때는 환자의 피부색이 노랗게 변할 수 있다." 등 눈의 색, 머리카락과 피부의 색, 소변과 대변의 색 진단이 매우 중요하다고 보았다.

그는 체액과 체액의 변화에 대해서도 깊이 연구한 결과, 색이 체온과 인체의 건강에도 관련 있다는 것을 도표로 고안해 냈다. 예를 들면 "피의 흐름에 있어 파란색은 안정시키지만, 빨간색은 자극을 준다."라고 했으며, "아침에 비치는 선명한 빛은 영양 섭취에 도움을 준다."라고도 하였다. 이로써 아비스나의 색채 요법은 많은 약품을 처방하였고, 현대 의학에도 발전을 가져다주었다.

3. 근대의 색채 심리

뉴턴(Newton)이 가시광선의 스펙트럼을 발견하고 색채를 분류하면서 생리적 현상에 관심을 갖기 시작하게 된 17세기 이후 색채와 그에 따른 심리적 영향에 대한 연구가 본격화된다.

Tip!

■ 뉴턴과 괴테의 논쟁

백색광의 특징	뉴턴	괴테
동질성	빛은 복합적임	빛은 명확함
스펙트럼	백색광은 유색으로 구성됨	백색광이 기본이 됨 빛은 어둠으로 존재할 수 없음
물질과의 상호작용	굴절, 굴곡 및 반사 때문에 분해됨	굴절, 굴곡 및 반사는 색 현상 없이도 존재할 수 있음
분석	백색광은 일곱 가지 (순수한) 무수한 색으로 분해	파란색과 노란색만이 순수한 색으로 인식 나머지는 불순한 색
합성	백색광은 분해되었으므로 조립도 가능	무색광(가시광선)은 겉보기에 색상으로 구성될 수 없음 백색광은 유색 안료로 구성될 수 없음

1) 요한 볼프강 폰 괴테

괴테(Goethe)

뉴턴은 색은 주관적 감각이고 빛은 객관적인 실재라 말하며 색채에 대해 물리적인 현상으로 보며 과학적으로만 규명하려고 했기 때문에 색을 사람마다 다르게 인식하는 것은 감정의 경험 때문이라고 생각했던 괴테(Johann Wolfgang von Goethe)는 이에 대해 반론하고자 색채에 대한 심리적인 특성을 연구하였다. 그에게 색채는 빛과 어둠이 만나 우러난 존재로, 빛과 어둠 자체는 볼 수 없지만, 모든 색을 가진 가시적 세계는 빛과 어둠의 결합으로 우리가 눈으로 볼 수 있다고 생각한 것이다.

(1) 괴테의 색채론

① 양극성 원리와 색채의 심리적 작용

괴테의 색채론에서 양극성 원리는 색채 경험이 두 가지 상반된 극 사이의 상호작용을 통해 형성된다는 개념으로, 괴테는 색채를 단순한 물리적 현상이 아닌 인간의 감각과 심리적 반응에 의해 결정되는 주관적인 경험으로 이해했다. 그는 주로 따뜻한 색과 차가운 색으로 나누어 두 가지 극으로 이를 설명하였다.

괴테는 빛에 가까운 노란색과 어둠에 가까운 파란색을 통해 자신의 색상환을 만들고자 하였고, 상징주의적인 색채관으로 노란색과 파란색의 대립을 위하여 빛의 노란색을 플러스, 어둠의 파란색을 마이너스로 정의하였다.

노랑(+)	빛	밝음	작용	강함	열기	가까움	밀어냄	산성과 친화
파랑(−)	그림자	어두움	탈취	약함	냉기	멂	끌어당김	알칼리성과 친화

이러한 두 극은 서로 보완관계인 동시에 대립 관계에 있으며, 이는 물리적 성질에 의해 결정되는 것이 아닌 관찰자의 감정과 인식에 따라 다르게 경험된다는 것이다.

이는 색의 혼합에서도 같은 원리로 작용하며, 따뜻한 색과 차가운 색을 혼합할 때 결과물은 두 색의 특성을 모두 포함하게 되고, 이 과정에서 감정적 반응이 새롭게 일어나기도 한다.

이렇듯 괴테는 색이 단순한 시각적 현상이 아닌 인간의 감정과 심리 상태에 영향을 미친다고 주장하였다. 또한 그는 색의 조화를 통해 인간의 감정과 자연을 연결 짓고, 색의 상징성과 그로 인한 감정적 반응을 탐구하였다.

괴테의 이러한 관점은 예술과 디자인에서 색을 사용하는 데 있어 새로운 시각을 제공하였다. 또한 색은 경험에 따라 색이 다르게 느낄 수 있다는 것을 강조하며, 인간의 내면세계를 이해하고 표현할 수 있는 중요한 매개체로 보고 있음을 나타내고 있다.

2) 신지학(Theosophy)

블라바츠키(Blavatsky)

신지학은 미국의 헬레나 블라바츠키(Helena Blavatsky)가 중심이 되어 1875년 신지학회가 설립되어 조직된 것이며 그리스어의 신(theos)과 지혜(Sophia)의 합성어이다. 인도의 여러 종교 및 불교의 카르마 사상, 동서양의 신비주의 등을 복합적으로 결합하여 나타난 종교 사상으로 자연 세계의 본질과 진리를 사람의 직관과 정신을 통해 파악하는 것을 목적으로 갖고 있다.

베전트(Besant)

신지학에서 블라바츠키의 색채이론을 심화시킨 것은 애니 베전트(Annie Besant)와 찰스 웹스터 리드비터(Charles Webster Leadbeater)이다.

애니 베전트와 리드비터의 공저 『상념체(Thought Forms, 1901)』에서는 색채와 정신적인 요인의 상관관계를 상세히 설명하고 있으며, 리드비터의 『인간, 가시적 면과 비가시적 면(Man, Visible and Invisible, 1902)』에서 '진동'의 개념을 설명하면서 "인간의 감정과 생각은 진동(음과 색채)을 매개체로 원인체의 의식에 축적됨으로써 인간들이 지닌 상위의 의식들을 자각하게 하는 것"이라고 하였다. 특히 리드비터는 마스터 쿠트후미(Koot Hoomi)의 지도로 쿤달리니를 각성한 후 영 능력을 바탕으로 「차크라」를 비롯해 신지학 관련 서적들을 30권 정도 저술하였다.

리드비터(Leadbeater)

(1) 신지학의 색채와 차크라

신지학의 이론에 의하면 색채는 '절대적인 의식이 정신과 물질로 분화되면서 생성된 것으로서 의식 일부를 이루는 것'이라고 하였다.

고대의 인도인들은 '아유르베다'라고 부르는 삶의 지혜, 생명의 치료로 부르는 경전을 통해 일곱 가지의 내부 에너지를 '차크라'라고 명명하였는데 신지학에서도 빛이 프리즘을 통하여 일곱 빛깔 무지개의 스펙트럼으로 분리하듯이 정신과 물질도 일곱 개의 층위로 분리되는 그것이라고 말한다. 그리고 각각의 층위는 각 의식에 서로 통하는 에너지의 파장을 지니고 있으며 눈에 보이는 물질세계에서도 마찬가지로 눈에 보이지 않는 물질세계 또한 일곱 빛깔의 색채 층위를 이루고 있으며, 각각의 의식 상태를 가지고 작용한다. 신지학의 색채론에 따르면 각 색은 특정한 에너지나 진동수를 지니고 있으며, 이는 인간의 감정, 사고, 그리고 영적 상태에 영향을 미친다고 주장한다.

유대인들의 「카발라(Cabala)」라는 신비 철학에서는 인간의 척추를 따라 7가지 중심이 존재하고, 마찬가지로 이것이 정수리를 향해 에너지가 발산된다고 말한다. 신지학에서도 정신과 물질이 절대적인 의식으로부터 분화되어 의식의 점진적인 변화를 통해 자각해 가는데, 인간의 인체 중 꼬리뼈에서부터 정수리에 이르기까지를 하나의 상징물로써, 일곱 개의 차크라 색채들을 통해 이를 설명하고 있다.

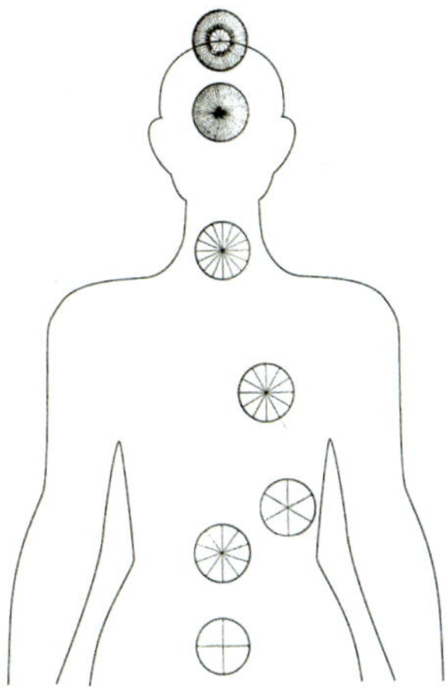

리드비터의 차크라 정면도

신지학에서 색은 생각과 감정을 포함하여 물질적인 성질과 형태를 가진 것으로 사방으로 방사되며 자신은 물론 타인에게도 영향을 주는 것으로 보았다.

즉, 신지학에서 색채는 단순한 물질적인 현상이 아닌 정신적인 것으로, 영적 · 심리적 의미를 지닌 중요한 요소로 간주되었다. 신지학은 19세기 후반에 형성된 철학적 및 영적 운동으로, 인간의 영적 성장과 연결되어 있다고 보았다.

3) 루돌프 슈타이너

슈타이너(Steiner)

슈타이너(Rudolf Steiner)는 자신이 스스로 체험하고 인식하는 것을 중요시하며, 우리 안의 정신세계를 우주 안의 정신세계로 이끄는 인식의 길, 즉 인지적 통로를 만드는 것으로 '인지학'을 설립하였다.

인지학은 그리스어의 인간(anthropos)과 지혜(Sophia)의 합성어로, 말 그대로 인간의 지혜 혹은 인간적인 지혜를 뜻한다.

슈타이너는 '감각'을 중요하게 생각했으며 그에게 '감각'은 인간의 몸을 기반으로 두는 동시에 영과 혼의 깊이가 수반되어 있다. 인간의 몸은 영과 혼을 담는 그릇이라고 생각했기 때문이다.

그러한 그의 인지학은 마음과 감정의 요구로서 생겨난다고 보았으며 자신이 개인적으로 경험한 사실들만을 가르쳤다.

어떤 학자들은 인지학의 기원은 헤르메티즘이며 괴테가 중추적 역할을 하여 슈타이너의 이론을 발달시킨 것으로 보고 있다. 괴테의 상상력은 헤르메스 주의 전통과 연금술에 닿아 있기 때문이다.

Tip!

- 헤르메스 주의 전통의 종교 : 고대 후기에 출현한 종교로, 전적인 이성(理性) 중심주의 또는 감성보다는 지적인 정신을 추구하는 주지주의와 지나치게 종교의 원리나 이치를 강조하는 교리주의적 신앙에 대해 반대하는 견해를 가짐. 신 · 우주 · 자아에 대한 영적인 것을 연구하는 관용적인 철학적 종교
- 연금술 : 근대 과학 이전 단계의 과학으로써, 철학에서의 화학, 물리학, 금속학, 점성술, 약학, 기호학, 신비주의 등을 거대한 에너지의 하나로 이해하려는 하는 운동

이러한 인지학에서의 색채론은 괴테의 색채론, 신지학의 색채이론, 연금술의 영향을 받아 슈타이너 자신만의 색채론으로 정립하고 있는 것으로 보인다.

(1) 슈타이너의 인지학에서의 색채

슈타이너 색채이론은 신지학에서의 무지개 일곱 빛깔의 색채 이외에도 검은색, 흰색, 살구색을 추가하여 10가지 색채의 체계를 이루고 있으며, 색채의 성질은 괴테의 형성력을 기반으로 흰색, 검은색, 녹색, 살구색으로 인간과 자연, 영과 죽음을 대립 관계로 정의하였다. 색채는 생명에서 혼으로, 영으로, 죽음으로 상승하는 운동구조로 해석하고 있어 신지학에서와 같이 인간의 정신을 영과 혼으로 결합하고 있음을 알 수 있다.

① 슈타이너의 흰색

슈타이너는 흰색을 모든 색의 통합으로 간주하며, 흰색이 빛의 전체 스펙트럼을 포함하고 있기 때문에, 색을 지각하는 것이 빛의 본질이라고 보았다.

그는 흰색은 영혼의 상태와 연결되어 있다고 주장하며, 인간의 내면에서 고요함과 평화를 상징한다고 하였다. 또한 영적 차원에서의 상승과 새로운 시작을 나타내며, 나아가 개인의 성장과 깊은 연결이 있다고 강조하였다. 즉, 슈타이너의 흰색은 순수함, 영적 깨달음을 나타내고 있다.

② 슈타이너의 검은색

슈타이너는 검정을 빛의 결여로 인해 나타나는 색으로, 운동할 수 없는 절대적인 어둠으로 보았다. 또한 영적 진리를 찾지 못한 상태를 나타낸다고 설명했다.

그러므로 검은색은 부정적인 감정이나 에너지와 연결되며, 내면의 갈등이나 혼란을 반영한다 볼 수 있다.

그러나 슈타이너의 검은색은 영적 성장의 과정에서 중요한 역할로써, 인간이 더 높은 인식과 깨달음으로 나아갈 수 있는 기회를 제공한다고 강조하였다. 즉, 슈타이너는 검정을 결핍, 부재, 그리고 영적 무지의 상징으로 보았다.

③ 슈타이너의 녹색

슈타이너는 녹색을 자연과 연결하여 생각하였으며, 성장과 재생의 에너지를 지닌 색이라고 설명했다. 또한, 개인의 영적 발달과도 관련이 있으며, 내면의 평화를 찾아 자연 혹은 사람과의 조화로운 관계를 이루는 데 중요한 색으로 보았다. 그러므로 녹색은 인간의 존재를 다양한 차원으로 연결하는 중요한 요소임을 강조하였다. 즉, 슈타이너는 녹색을 조화, 균형, 생명력의 상징으로 보았다.

④ 슈타이너의 살색

사람은 제각기 다양한 피부색을 지니며, 살색은 피부색을 반영하며, 개인의 정체성과 개성을 나타내기도 한다. 슈타이너의 살색은 사람의 생명력과 감정을 전달하는 역할을 한다고 강조했으며, 또한 친밀감, 연민 그리고 사람과의 관계를 상징한다고 하였다. 그러므로 사람과의 관계에 있어 서로의 복합성을 이해하고 표현하는 데 필수적인 요소로 간주하였다. 즉, 슈타이너의 살색은 사람의 육체적 존재와 영적 본질 간의 연결을 상징하는 색으로 보았다.

슈타이너는 색채를 경험하는 것은 자연과 인간과의 정신을 느끼며, 자신 내부에 존재하는 색채와 공명하며 신체 기관에 생성하는 것이라고 하였다.

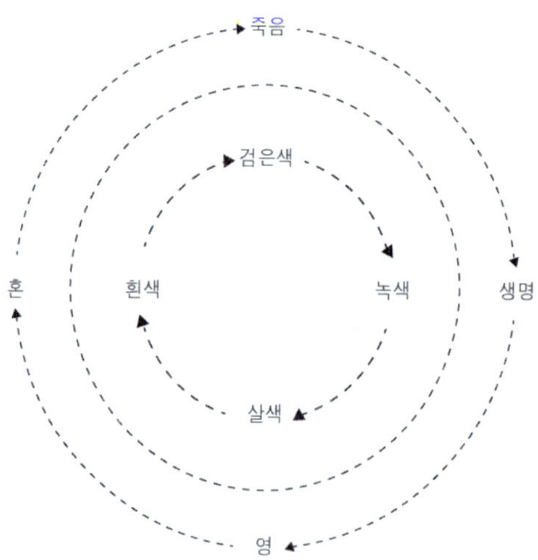

네 가지 상의 색(Steiner, 1921)

슈타이너의 인지학에서 색채는 단순한 물리적 현상을 넘어, 영적 및 감정적 의미를 지닌 중요한 요소로 보았다.

색은 각각 특정한 진동수와 에너지를 가지고 있으므로, 이를 통해 개인의 특정한 감정이나 영적 진리를 반영하여 인간의 경험을 풍부하게 할 수 있다.

색의 조화는 개인의 감정 및 영적 상태를 조절하는 데 중요한 역할을 하며, 조화로운 관계를 이루는 데 도움을 주었다.

또한 슈타이너는 색채가 치료적 효과를 지니고 있다고 믿으며, 특정색을 사용하여 신체 및 정서 치유를 도모하는 방법을 찾고자 하였다.

4. 현대의 색채 심리

영(Young)과 헬름홀츠(Hèlmholtz), 헤링(Hering) 등이 인간이 색을 어떻게 지각하고 느끼는지를 연구하면서 색에 대해 관심이 많은 칸딘스키(Kandinsky)나 몬드리안(Mondriaan) 같은 추상미술 화가에게까지 영향을 주게 된다.

1) 바실리 칸딘스키

바실리 칸딘스키
(Wassily Kandinsky)

칸딘스키(Wassily Kandinsky)는 추상화의 선구자로, 30세라는 늦은 나이에 미술을 시작하였다. 전쟁과 산업혁명으로 인하여 급진적으로 변화되는 회화와 회화에 색을 사용하는 목적이 변화되기 시작되면서 그의 색에 관한 관심이 시작되고 추상화의 길을 걸었다.

그의 회화에는 본인의 다양한 경험과 지식이 녹아있는데 특히 기독교에서 그리스도와 12명의 사도, 성모 마리아, 성인들을 그린 그림인 이콘(Icon)의 영향으로 사실적 미술보단 상징적 미술을 선호하게 되었고 색의 심리적인 가치를 주장하던 괴테의 색채론을 접하면서 자신만의 미술이론을 확립하고자 하였다. 또한 블라바츠키의 신지학과 신지학의 색채이론을 심화한 애니 베전트, 리드비터, 그리고 인지학의 루돌프 슈타이너의 영향으로 추상에 대한 색채와 이론의 새로운 지식을 융합하여 자신만의 예술관으로 조형 이론을 형성하였고, 색채는 그에게 중요 요소로 자리 잡았다.

(1) 칸딘스키의 색채론

칸딘스키가 집필한 『예술에서의 정신적인 것에 대하여』와 『점 · 선 · 면』에서는 다른 어떠한 이론들보다도 비교적 논리적이고 체계적으로 색채이론이 정립되어 있다.

색채는 사람에게 다양한 심리적 변화를 경험하고 색을 인지하는 과정에서 물리학, 생리학, 화학, 심리학적인 기능이 동시에 수반되기 때문에 칸딘스키는 색채가 가지는 고유의 성격을 발견하고 이를 바탕으로 색채 간의 관계를 구성하였다. 또한, 사람의 심리적 변화를 연구하여 색채가 갖는 연속성과 색채 자체가 가지고 있는 절대적이며 상대적인 가치를 연구 · 분석하였다.

① 한 쌍의 대립 I 과 대립 II

칸딘스키는 여러 형태와 색채를 연결해 색채의 구조를 통일시키고자 하였다. 그리고 이를 작품에 적용하여 하나의 구성으로 종합하여 색채에 따른 사람의 심리적 변화를 연구하였다. 작품의 기본색은 전통적 개념의 노랑, 빨강, 파랑을 기본 3원색으로 채택하였으며, 이 3원색이 없으면 조화가 어렵다고 보았다.

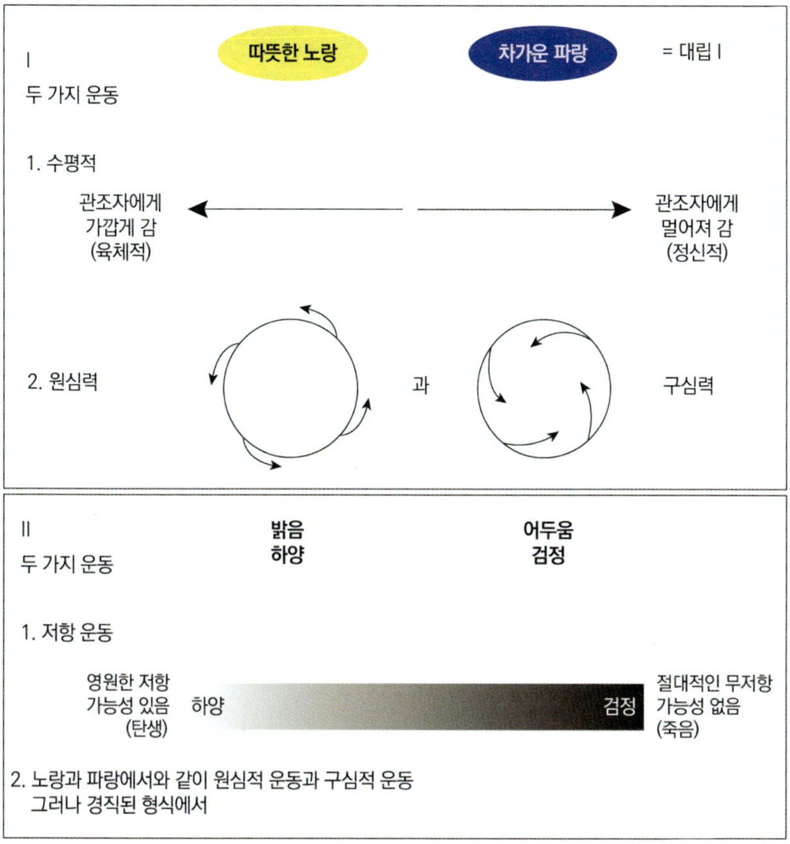

한 쌍의 대립 : I 과 II (심상 작용으로서의 내적 성격) (Kandinsky, 1912)

칸딘스키는 괴테의 색채학에서 색이 사람의 심리에 미치는 영향과 보색 관계에 특히 흥미를 느꼈다. 그는 색의 내적 성격을 심리적 관점에서 분류하고, 이를 물리적 성질을 가진 보색 관계와 연결해 두 가지 주요 대립 관계로 정리했으며, 심리학적 요소와 물리학적 특성을 모두 고려하여 색의 대립 구조와 색상 체계를 구축했다.

칸딘스키에 따르면, 색은 두 가지 기준으로 나눌 수 있는데, 첫 번째는 색의 따뜻함과 차가움, 두 번째는 밝음과 어둠이다. 따뜻한 색과 차가운 색의 대립은 노랑과 파랑으로 나타나며, 밝음과 어두움의 대립은 하양과 검정으로 표현된다. 그는 이 두 대립을 각각 대립 I 과 대립 II 로 정의하며, 이들이 색의 내적 성격을 나타낸다고 설명했다.

이렇게 색의 심리적 작용과 물리적 특성을 통합한 칸딘스키의 연구는 색을 이해하는 새로운 방법을 제시하였다.

■ 대립 I : 노랑과 파랑의 관계

• 수평적 운동 :

노랑과 파랑은 같은 평면에서 서로 다른 방향으로 움직인다. 따뜻한 느낌의 노랑은 관찰자에게 다가오려는 움직임을 보이며, 차가운 파랑은 관찰자에게서 멀어지려는 움직임을 보인다. 이를 수평적 운동으로 보았다.

• 원심력과 구심력 :

두 번째 움직임은 원심적 운동과 구심적 운동으로 나타난다. 같은 크기의 두 원을 각각 노랑과 파랑으로 칠하고 관찰해 보면, 노랑은 빛을 바깥으로 방출하며 관찰자에게 가까워지는 원심적 운동을 한다. 반면, 파랑은 안쪽으로 빨려 들어가는 구심적 운동을 하며 관찰자에게서 멀어지는 느낌을 준다.

이 현상은 심리적 감각에서 비롯된 것으로, 과학적 근거에 기반한 것은 아니지만, 밝고 어두운 요소를 추가하면 이러한 효과는 더욱 강해진다. 예를 들어, 노랑에 하양을 섞어 밝게 하면 원심적 운동이 강화되고, 파랑에 검정을 섞어 어둡게 하면 구심적 운동이 강해져 대립 I 의 효과가 극대화된다.

■ 대립 II : 하양과 검정의 관계

• 밝음과 어둠의 대립 :

대립 II 는 밝은 색인 하양과 어두운 색인 검정의 대립을 다룬다. 이 두 색 역시 대립 I 과 마찬가지로 두 가지 움직임을 보인다.

• 정신적 저항운동 :

첫 번째 움직임은 정신적 의미를 담고 있다. 하양은 새로운 시작과 탄생을, 검정은 종말과 죽음을 상징하며, 이 둘은 정신적 저항 관계를 형성한다.

• 원심적 · 구심적 운동 :

대립 I 에서 노랑과 파랑이 원심적 · 구심적 운동을 보이듯, 하양과 검정도 유사한 움직임을 보인다. 이는 정적인 형태로 나타나며, 두 색의 물리적 성질이 이와 같은 경직된 운동을 만들어 낸다.

■ 중립적 색상: 초록과 회색

• 노랑과 파랑을 섞으면 초록이, 하양과 검정을 섞으면 회색이 만들어진다. 초록과 회색은 각각 대립 I (노랑-파랑)과 대립 II (하양-검정)의 중립적 성격을 띠며, 이 과정에서 대립적 성격은 약해지지만, 두 색이 가진 핵심적인 조화는 유지된다. 칸딘스키는 이를 통해 색의 정신적·심리적 구조를 보다 깊이 이해할 수 있다고 보았다.

이와 같은 설명을 통해 칸딘스키는 색의 내적 성격과 상호작용을 체계적으로 분석하였다.

② 한 쌍의 대립 III과 대립 IV

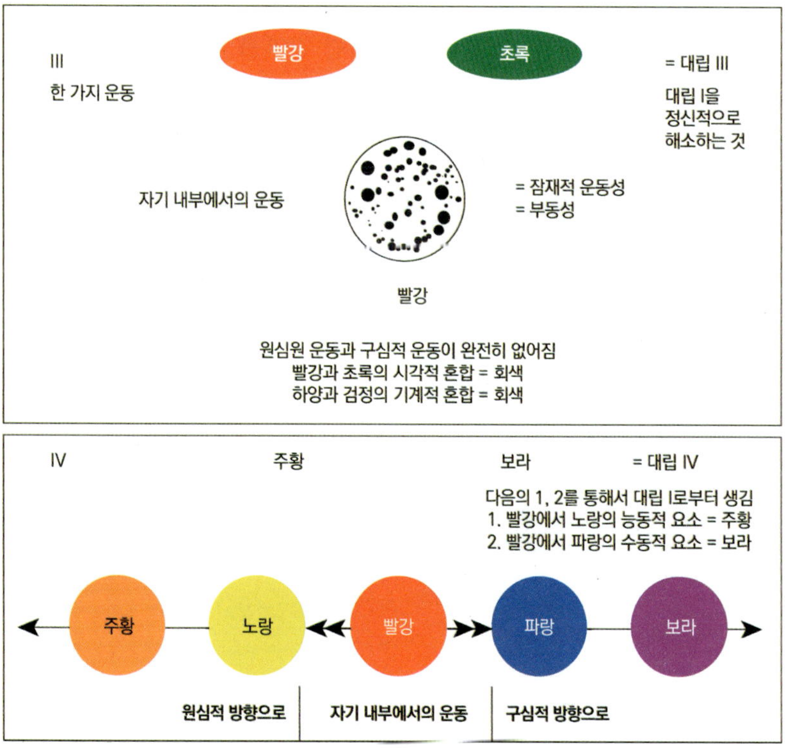

한 쌍의 대립 : III과 IV(물리 보색으로서의 내적 성격) (Kandinsky, 1912)

■ 대립 Ⅲ

칸딘스키는 빨강과 초록의 대립에 대해 "빨강은 따뜻하고 활기찬 색으로, 한계가 없는 에너지를 가진다. 빨강은 내적으로 강렬하게 타오르며, 성숙한 남성적 에너지를 보여준다."라고 설명했다.

밝고 따뜻한 빨강은 노랑과 비슷한 느낌을 주며, 힘과 결단력 같은 감정을 자극한다. 하지만 빨강은 파랑과 만나면 그 강렬함이 약해지고 본래의 의미를 잃게 된다. 이는 빨강의 따뜻함이 파랑의 차가움과 조화를 이루지 못하기 때문이다. 또한, 빨강과 초록을 혼합하면 회색이 되는데, 이는 마치 하양과 검정을 섞은 것과 비슷한 결과를 낳는다.

■ 대립 Ⅳ

칸딘스키는 대립Ⅳ에 대해 "초록은 빨강과 보색 관계에 있으며, 빨강의 강렬한 움직임과 대조적으로 고요하고 평온한 느낌을 준다."라고 설명하였다.

이 같은 칸딘스키의 기본 6색과 2색의 대립 관계를 정리해 보면 다음과 같은 결론을 낼 수 있다.

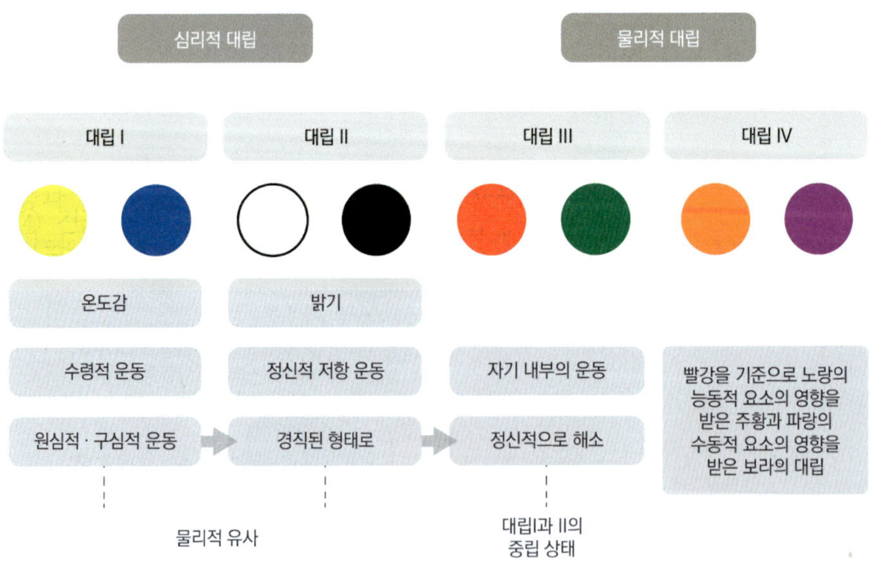

칸딘스키의 색채 대립의 구조와 특성 (배미영, 2010)

③ 양극 사이에 있는 색상환으로서의 대립

칸딘스키는 "여섯 개의 색이 세 쌍의 대립을 이루며 나타나고, 그 양쪽 끝에는 죽음의 침묵과 탄생의 침묵이라는 두 가지 커다란 가능성이 놓여 있는 것을 볼 수 있다. 지금까지 언급한 색의 특징은 매우 잠정적이고 일반적이라는 사실이 명백하다."라고 말한다. 또한, 각 유채색이 연속적인 경계를 통해 하나의 큰 원으로 연결되어 있다는 점도 확인할 수 있다고 설명한다.

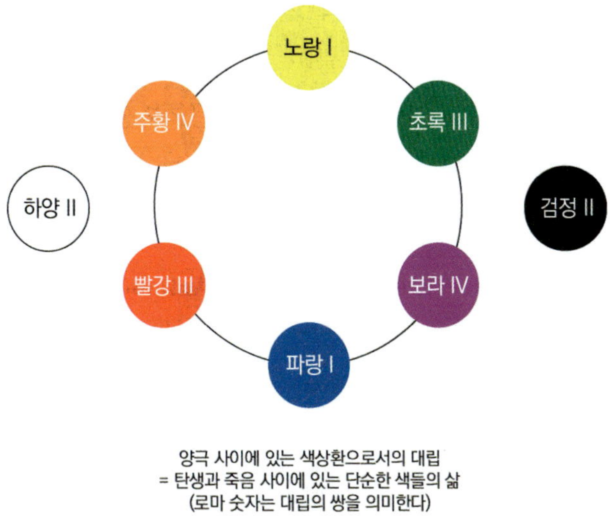

양극 사이에 있는 색상환으로서의 대립 (Kandinsky, 1912)

칸딘스키는 괴테의 영향을 받아 색채가 인간에게 미치는 심리적 반응을 연구한다. 그는 신지학을 바탕으로 색의 순수한 형태와 내적 의미를 통해 색의 상징성을 체계화하려고 한다. 색의 순수성과 독립성을 강조하며, 각 색에 고유한 의미를 부여하여 그 색이 가진 정신적 울림을 새롭게 창조하려고 했다.

2) 파버 비렌

파버 비렌(Faber Birren)

그동안 여러 학자가 색에 관한 연구와 그에 따른 이론들을 정립해 왔지만, 색채에 대한 규범을 만든 사람은 다름 아닌 파버 비렌(Faber Birren)이다. 그는 색채 연구자 중에서 색채 전문 서적을 25권을 저술하면서 가장 많은 책을 펴냈다. 그는 16세기에서 20세기까지 색채 연구자들의 자료들을 모아 색에 대한 표준, 명명법 및 미적, 생물학적, 시각적, 음악적, 심리학, 종교, 의학, 영적, 인쇄술 및 그래픽, 직물 등에 여러 분야로 정리하였고, 이를 디자인의 장르에 접목하며 심리적인 기반을 확장해 주었으며, 비렌은 색채 심리와 색채 선호에 관해 연구하며 1980년에 자신의 이름으로 색채 컨설팅상을 제정해 수여하고 있다.

(1) 비렌의 색채이론

① 비렌의 색 삼각형 구조

비렌은 삼각형의 구도로 색채 조화이론을 설명하였는데 삼각형의 꼭짓점들에 각각 순색(Color), 흰색(White), 검은색(Black)을 연결하여 순색+흰색 = 밝은 색조(Tint), 흰색+검은색 = 회색(Gray), 순색+검은색 = 어두운 색조(Shade), 순색+흰색+검은색 = 톤(Tone)으로 정리하였다.

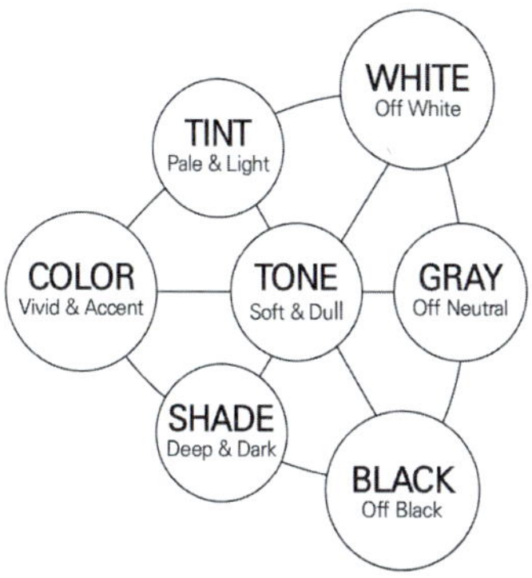

비렌의 색 삼각형

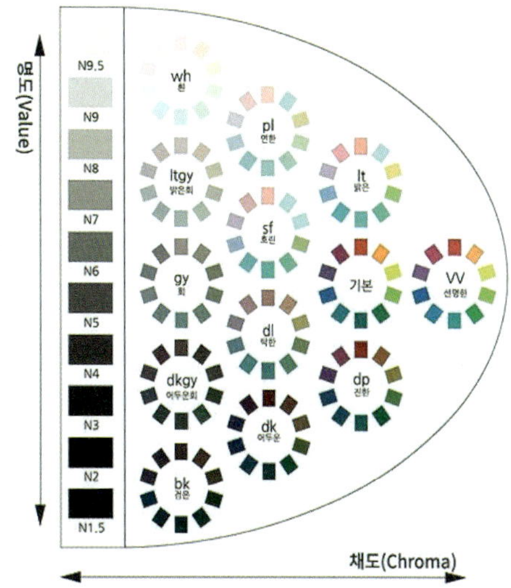

KS 색조 분류표

- Color : 돋보임, 개성적, 다양한, 선명함, 화려함, 강함
- White : 연함, 맑음, 부드러움, 가벼움, 약함, 섬세함, 투명함
- Black : 점잖음, 무거움, 차분함, 어두움, 깊음
- Tint : 밝음, 경쾌함, 순수함, 생기 있는, 즐거움, 은은함
- Gray : 차분함, 모던함, 심플함, 정적인, 시크함, 간편함
- Shade : 와일드함, 깊음, 점잖음, 강인함, 전통적인
- Tone : 안정감, 세련됨, 감성적, 여유로움, 풍성함, 편안함, 고급스러움

② 비렌의 8가지 타입의 조화모델

비렌은 색 삼각형의 7가지 범주를 8가지 타입의 조화론으로 모델로 제시하였고, 이 조화모델은 제안된 범주에 따라 서로 조화로운 시각적인 요소가 표현되어 있다.

타입	색 삼각형 모델	배색	이미지
White + Gray + Black	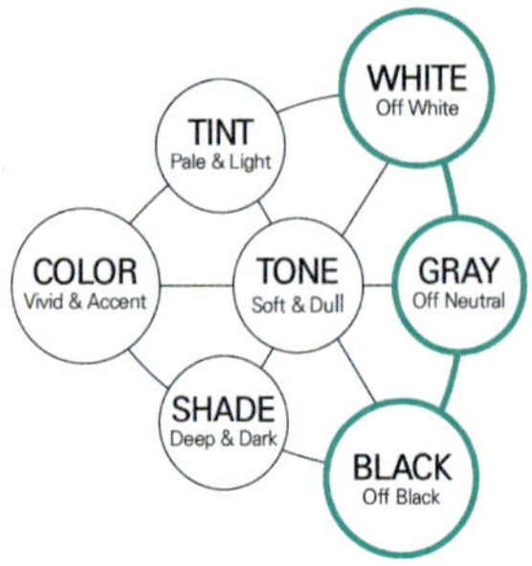		안정감, 명료, 깔끔, 절제, 시크함
Tint + Tone + Shade	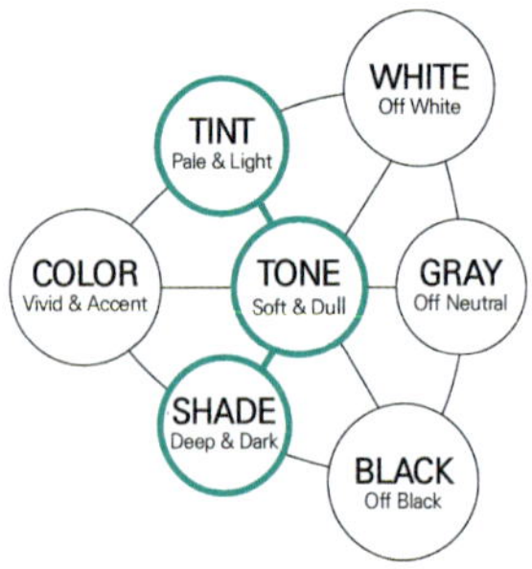		안정감, 우아함, 부드러움, 감동적
Tint + Tone + Black	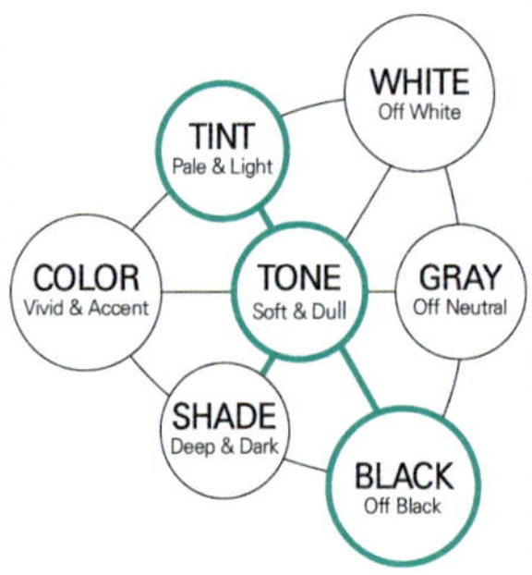		부드러움, 차분함, 세련됨, 안정감
White + Tone + Shade	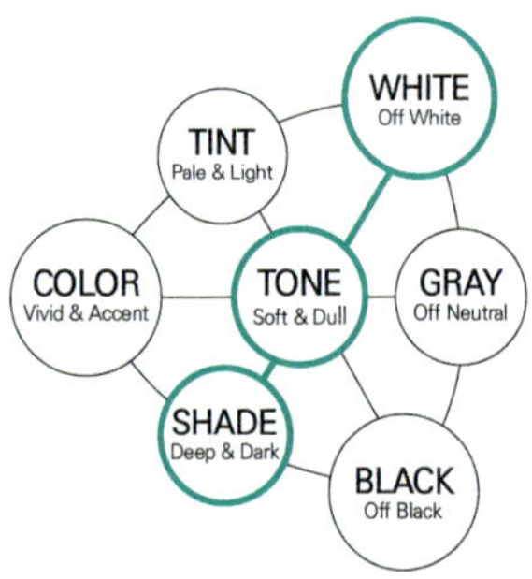		단정함, 자연스러움, 부드러움

타입	색 삼각형 모델	배색	이미지
Color + Shade + Black	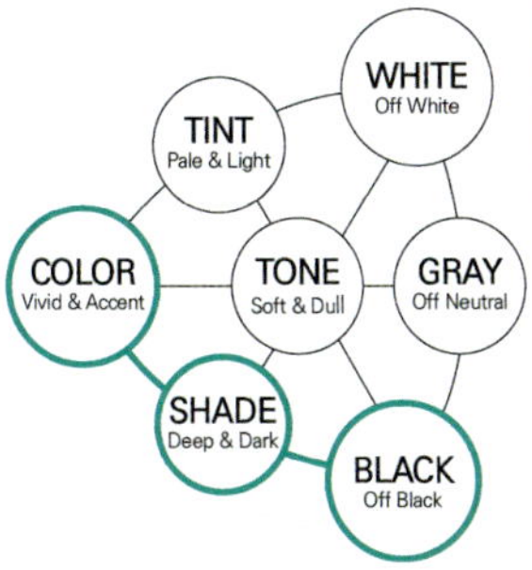		무거움, 단단함, 풍요로움, 깊음
Color + Tint + White	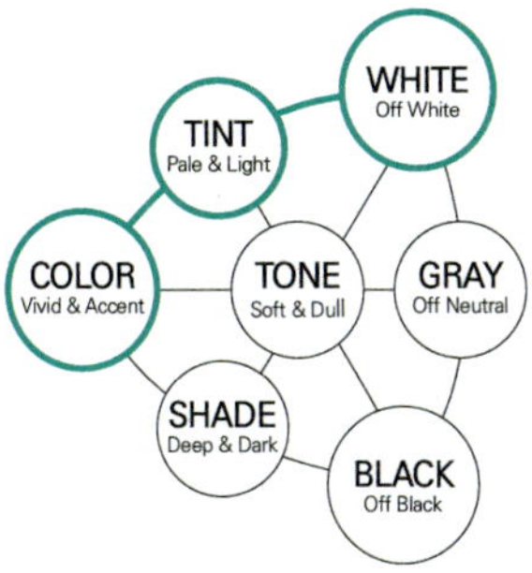		깨끗함, 싱그러움, 밝음, 신선함
Color + White + Black	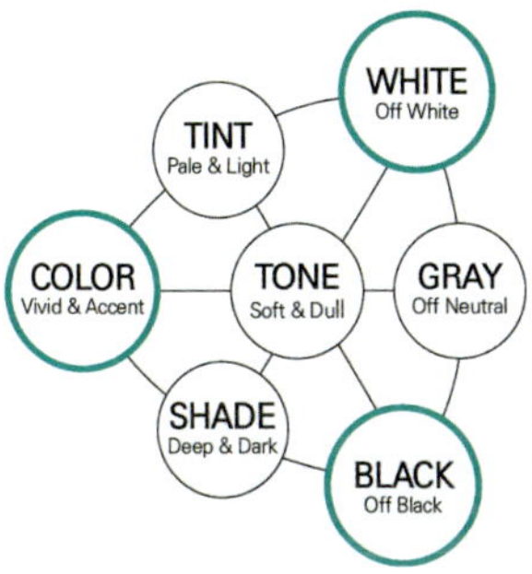		원초적, 활동적, 모던함, 현대적
Tint + Gray + Shade + Tone	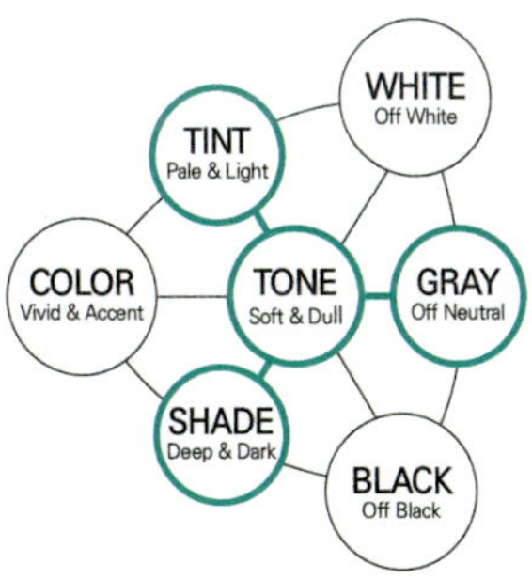		억제됨, 고급스러움, 우아함, 고상함, 품위 있는

Chapter 04

한국의 색채 심리

1. 일본과 한국의 색상 차이
2. 전통의 색과 음양오행
3. 오행의 진단법

색채는 나라마다 각기 다른 감각적 특성을 지니고 있다. 이는 각 나라의 종교, 전통, 사상에 따라 특정 색상이 상징적인 의미를 가지기 때문이다. 이러한 이유로 각국의 국기 모양과 색상은 다르고, 나라마다 선호하는 색이 달라진다.

1. 일본과 한국의 색상 차이

환경적 요인, 예를 들면 지역, 기후, 자연, 역사, 구조 및 문화적, 역사적 배경에 따라 다르게 나타난다. 이는 일본과 한국의 컬러 칩을 비교해 보았을 때도 느껴진다.

한국 KS표준 표

일본 DIC PCCS

컬러 칩 한국색채 KS 표준색 컬러 가이드 155a와 일본 DIC 컬러 PCCS 톤표 컬러가이드 199a를 살펴보면, 한국의 색은 뚜렷한 사계절이 있는 나라로 자연 친화적이며, 지형적 특성으로 풍화와 침식이 오랜 세월 이루어진 만큼 시각적인 부드러움을 선호하고 환경 순응적인 심성을 가지고 있어 색 역시 자연적이며 부드럽고 어디에나 어울릴 수 있는 색 조화의 느낌을 선호함을 볼 수 있다. 반면 색을 중시하던 일본은 다채로운 색을 사용하며 아열대 기후에 지형적으로 섬나라이기 때문에 안개가 자주 발생되어 색이 강렬하면서도 딕한 느낌의 다양한 색조의 느낌을 받을 수 있다.

두 나라 모두 자연의 색상에 영향을 받았지만, 한국은 자연의 변화에 따라 색의 의미가 더 많은 반면, 일본은 특정색을 고수하며, 전통을 유지하는 경향이 있다. 이러한 차이는 문화와 미적 가치관에 반영되며 나라마다의 특유의 심리적 반응 역시 달라질 수 있다.

그러나 현재 한국에서 연구되는 색채 심리는 대부분 유럽이나 일본에서 연구한 색채 심리를 변형하여 적용하는 경우가 많다.

2. 전통의 색과 음양오행

사실 한국은 흰색 옷을 자주 입는 것으로 유래된 백의민족으로, 동양 사상에는 모든 색은 언젠가는 색이 바래고 없어진다는 사상이 있어 모든 색이 귀착하는 색은 무채색이라고 생각하였다. 그래서 유채색보다 무채색의 가치를 더 높게 평가하였다.

역사가 시작된 이후로 사용된 용어 '샤먼'은 원시적 종교 현상으로 한국의 샤머니즘은 종교, 정치, 예술, 의상 같은 문화적인 부분에 영향을 주었으며, 더 나아가 언어학, 심리학, 인류학 등에도 영향을 미쳤다. 이러한 샤머니즘의 원리는 음양오행의 기초를 이룬다.

음양

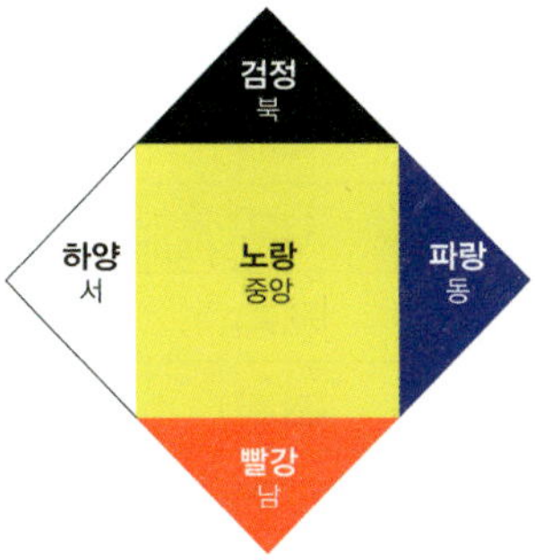

오행에 따른 오채색

여기서 음양은 우주의 여러 가지 현상과 근본을 설명하며, 양이 변하고 음이 합해져 우주관의 5가지를 나누어져 오행(五行)이라고 부르고, 오행의 5가지 기운인 오기(五氣)를 화, 수, 목, 금, 토로 보았다. 이 체계는 원시인의 색채 의식에도 강한 영향을 주어 5가지 색을 구분하는 기준이 되었다. 사실상 오채(五彩)는 샤머니즘의 기본색으로 천지인을 상징하는 빨간색, 노란색, 파란색의 원시적 색채의 식이 강하게 영향을 주었지만, 시대의 흐름에 따라 달라졌고 중국의 영향을 받으면서 청색, 적색, 황색, 백색, 흑색으로 발전하였다. 이렇듯 한국의 전통색은 음양오행 사상과 밀접한 관계가 있으며, 이러한 관계성은 한국 문화에서 색이 단순히 시각적 요소라기보다는 깊은 철학적 의미와 상징성 또한 포함하고 있음을 보여준다.

3. 오행의 진단법

음양오행에서 사용한 오색은 우리나라의 곳곳에서 그 경험이 스며들어 있음을 알 수 있다. 예를 들면 의복에서는 관복의 색상, 음식에서는 차례상의 색상, 잔칫날의 고명이나 잡채, 김밥에서도 그 색을 볼 수 있으며, 건축물에서는 궁궐과 단청에서도 그 사용을 알 수 있다. 또한, 한의학에서는 오색이 오장육부의 오행에 속해 있다고 생각하여 그에 따른 진단법을 활용하기도 하였다.

오색(五色)	청색(靑)	적색(赤)	황색(黃)	백색(白)	흑색(黑)
오행(五行)	목(木)	화(火)	토(土)	금(金)	수(水)
오재(五材)	나무	불	흙	쇠	물
오방(五方)	동(東)	남(南)	중앙(中央)	서(西)	북(北)
오계(五季)	봄(春)	여름(夏)	장마(長夏)	가을(秋)	겨울(冬)
오시(五時)	평단(平旦) 하루의 시작 (오전)	일중(日中) 낮의 가장 중앙 (한낮)	일서(日西) 해가 기우는 시간 (오후)	일입(日入) 해가 지는 시간 (저녁)	야반(夜半) 밤의 가장 중앙 (밤)
오기(五氣): 기운	상승	발산	조화	하강	응축
오기(五氣): 날씨	바람(風)	열(熱)	습기(濕)	건조(燥)	한기(寒)
오상(五常)	인(仁)	예(禮)	신(信)	의(義)	지(智)
오화(五化)	생명(生)	성장(長)	가르침(化)	거둠(收)	간수(藏)
오지(五志)	노여움(怒)	기쁨(喜)	생각(思)	슬픔(悲)	공포(恐)
오정(五政)	너그러움	밝음	공손함	부지런함	고요함
오장(五臟)/ 오부(五腑)	간, 담	심장, 소장	비장, 위	폐, 대장	신장, 방광
오체(五體)	힘줄	혈맥	근육	피부	뼈
오관(五官)	눈	혀	몸	코	귀
오미(五味)	신맛	쓴맛	단맛	매운맛	짠맛
오취(五臭)	누린내	탄내	향기	비린내	구린내
오각(五覚)	시각	촉각	미각	후각	청각

이러한 한국 색채의 오행진단법은 오행(목, 화, 토, 금, 수)에 따라 색을 연결하여 개인의 성격이나 운세를 해석하는 방법으로, 각 요소는 특정 색상과 관련 있으며, 이를 통해 기운이나 상태를 파악하여 삶을 살아가는데 조화로울 수 있도록 도움을 줄 수 있다.

이렇듯 한국의 색채심리에서 음양오행은 색이 인간의 감정, 성격, 행동에 미치는 영향을 설명하는데 중요한 틀을 제공하고 있다.

05

Chapter

색채별 심리

1. 색채별 물리적 반응과 심리적 특성
2. 색채 심리의 진단적 의미와 치료적 지원

앞서 색채 심리의 역사 속 내용을 살펴보면 색채의 파장은 진동수에 따라 신체 내의 7가지(빨간색, 주황색, 노란색, 초록색, 파란색, 남색, 보라색) 에너지를 이루게 되었는데, 색은 빨간색부터 보라색까지 다른 파장을 지니고 있으며, 이는 미묘하게 다른 차이로 사람의 지각에 영향을 미친다.

1. 색채별 물리적 반응과 심리적 특성

색채 연구자들에 따르면 색채마다 인간의 심리에 따라 그 특성을 발견하였고, 그 연구의 각각의 색채는 보편적으로 색을 통해 느껴지는 반응들이 존재하였다.

이러한 반응을 신체 내의 에너지 파장의 7가지 색과 빛의 어둠과 밝기를 나타내는 명도(흰색, 회색, 검은색)를 추가하여 색채의 물리적 반응과 심리적 특성으로 정리하였다.

색상	물리적 반응	심리적 특성	
		긍정	부정
빨강	혈압 상승 혈액 순환 신진대사 촉진 내분비 활성화 면역기능 증진	정열 에너지 민첩 용감 성취 활력 행운 진취	분노 공격 욕망 파괴 불안 공포 오만

<table>
<tr><th rowspan="2">색상</th><th rowspan="2">물리적 반응</th><th colspan="2">심리적 특성</th></tr>
<tr><th>긍정</th><th>부정</th></tr>
<tr><td>주황</td><td>고통 감소
담석 치료
식욕 자극
변비 해소
에너지 증진</td><td>행복감
자유
유쾌
창의력
따뜻
온화
깨우침
사교적</td><td>산만
소심
교만
시선 민감
공격성 야기</td></tr>
<tr><td>노랑</td><td>신진대사 촉진
소화불량 치료
우울 완화
긴장 완화
염증 완화</td><td>빛
낙관적
번창
긍정
지혜
밝음
직감
성숙
호기심</td><td>중독
배신
비겁
강박
집착
미숙
광적인</td></tr>
<tr><td>초록</td><td>심신 안정
근육 이완
시력 회복
피로 회복
불안 감소
교감신경계 최면 효과
호흡 완화</td><td>풍요
생명
믿음
균형
조화
안정
평화
자연
관찰력</td><td>수줍음
피폐함
질투
경박
타락
방어
불만
고집</td></tr>
<tr><td>파랑</td><td>근육 통증 완화
천식 완화
진정 효과
염증 완화
체온 조절
면역 증강</td><td>시원
깨끗
신성
합리
성실
지식
신뢰
진정
조화
만족</td><td>차가움
수동적
회피
자기 엄격
감정 억제
보수적</td></tr>
</table>

색상	물리적 반응	심리적 특성	
		긍정	부정
남색	호르몬 활성화 진정 효과 수면 효과 두통 완화	집중 직관 신앙 질서 책임 전문적	냉정 비판 우울 불안 낙담 의심
보라	스트레스 효과 불안 감소 두통 완화	신비 영감 배려 섬세 통찰력 예술성 창조성 감수성	열등감 우월감 비관 허영 이기적 계산적 통제 조정 자연스럽지 않음
하양	폐와 장의 에너지 활력 기관지(천식, 마른기침 등) 효과	빛 밝음 겸손 완전성 청결 순수 잠재성(가능성) 신적 존재	약함 공허 차가움 엄격함 무감각 완벽주의 현실도피
회색	–	신중 중립 수용 성숙 회개 겸손 점잖음	무관심 흐릿함 우유부단 의기소침 후회 은폐
검정	기운의 진정 효과 신장과 방광의 정기 보관 뼈 주관(골다공증) 허리나 하체의 힘 영향	위엄 신비 신성함 단호 결단력 강인함 단단함 정확함 카리스마	부정 거친 죽음 슬픔 좌절 우울 어둠 지폐

이러한 색채는 색채 연구자나 심리학자, 예술가, 디자이너들에 의해 색의 선호와 그 반응에 대해 끊임없이 연구해 왔고, 색의 반응은 주관적이고, 감정적이기 때문에 끊임없이 변화한다는 사실을 알게 되었다.

2. 색채 심리의 진단적 의미와 치료적 지원

색채는 미술 심리상담 및 색채 심리상담에서 색의 상징성이 심리적인 진단으로 유용하고 이를 효과적으로 응용하여 상담 및 치료의 방법으로 적합하다는 것을 인지하였고, 그에 따른 공통적인 의견들을 정리하였다.

색상	진단적 의미	치료적 지원
빨강	• 외향적, 역동적, 충동적, 자발적인 성향 • 억압된 충동(흥분, 공격, 공포)의 욕구 • 자극과 활동성 • 반대로 에너지가 부족	• 동기 부여 • 용기
주황	• 명랑, 사교적, 자유로운 성향 • 인정받고 싶은 욕구 • 환경의 변화 • 자기 어필	• 욕구 • 활기
노랑	• 밝고 긍정적인 성향 • 희망의 빛에 대한 욕구 • 환경의 새로운 시작 • 의존성	• 위로 • 긍정적 • 희망
초록	• 수동적, 내향적인 성향 • 안전성, 쉼의 욕구 • 마음의 균형과 조화 • 강박적 사고	• 마음의 안정 • 균형과 조화 • 긴장 이완
파랑	• 내성적, 성실함, 책임감이 강한 성향 • 지적 욕구, 자기 통제 욕구 • 마음의 이완 • 책임감에 따른 강박	• 이해 • 지적 충족 • 감정의 이완

색상	진단적 의미	치료적 지원
남색	• 냉철하고 진중한 성향 • 내적 진정의 욕구 • 자기 보호 • 심한 내적 우울	• 수용 • 심신의 안정 • 인내심과 해결력
보라	• 감수성이 풍부, 섬세한 성향 • 스트레스 완화 • 현실도피, 상상력(예술성) • 과도한 외 · 내부 자극에 의한 예민성	• 지지 • 융합 • 직관과 개성의 창의성
흰색	• 완벽주의, 이상주의 성향 • 내적 정화의 욕구 • 내적 동요와 잠재성 • 완벽성에 대한 예민성	• 정화 • 변화 • 순수한 내적 에너지
회색	• 우유부단하거나 수용적인 성향 • 외부자극 회피, 변화하지 않고 싶음 • 무언가를 은폐 • 반대로 일 중독	• 자극의 이완 • 과도한 생각 자제 • 이분법 사고 완화
검정	• 자신의 세계에 빠져 있는 경향(청소년의 색) • 폐쇄적, 반항적 항의, 통제된 욕구 • 억제, 위축, 불안, 우울, 포기 • 신체상에 자주 사용할 경우 기능상 문제나 장애가 있을 수 있음	• 정서 억압의 탈출구 • 카타르시스 • 응집

Chapter 06

색채 심리상담에서의 감정 해석방법

1. 색채를 통한 감정의 깊이와 그 해석의 중요성

색채는 심리에 객관적 · 주관적 요소뿐 아니라 그에 따른 사회적, 문화적, 시대적, 환경적인 요소가 포함되어 있으며 단편적으로 살펴보는 것은 굉장히 위험하므로 다각도에서 색을 읽을 필요가 있다.

1) 환경이 색채에 주는 물질적 영향

(1) 환경적 요인

색을 지각하는 과정에서 조명이 물체의 색상에 영향을 주어 본래의 색과 다르게 인식할 수 있는 연색성이 있어 자연광, 인공조명, 주변 조명과 같은 조명의 조건이 색에 어떠한 영향을 미치는지 살펴보며 환경적 요인을 고려한다.

(2) 색각 현상

빛의 3원색인 빨간색, 초록색, 파란색이 눈의 세부 시각 및 색채 시각을 주로 담당하는 망막의 원추체가 강하게 흥분하여 일어나는 현상이다. 즉 눈이 색을 인식할 때 제대로 구분하지 못하는 현상을 말한다.

① 색맹 & 색약

▪ 색맹(색각 이상)

시력의 이상으로 색상을 정상적으로 구별하지 못하는 증상으로, 망막에는 약한 빛을 감지하여 사물의 명암을 구별하는 간상세포(rod cell)와 색상을 감지하는 원추세포(cone cell)가 존재하는데, 색맹은 원추세포의 이상으로 일어난다. 원추세포의 이상은 대부분 선천적인 유전 요인으로 발생하지만, 드물게 후천적으로 황반 변성 및 녹내장 등으로 시력 이상의 질환에 의해 나타나기도 한다.

판스워스-문셀(Farnsworth-Munsell) 판별법이나 이시하라(Ishihara)표 등으로 진단이 가능하지만, 아직 완치하는 치료법은 개발되지 못했다.

■ 색약

색약은 정상보다 색을 분별하는 능력이 부족한 증상으로, 밝은 곳에서 채도가 높은 색을 볼 때 정상인과 차이가 없지만, 채도가 낮을 때 식별을 하지 못하거나, 단시간에 색을 분별하기에 어려움을 느낀다.

색약에는 적색약, 녹색약이 있으며, 의학적으로 치유는 불가능하나 엔크로마(EnChroma) 등의 색 보정 안경을 착용하여 완화할 수 있다. 최근 적록색맹이 있는 영장류에서 재조합 바이러스를 사용한 유전자 치료로 적록색맹이 완치된 경우가 네이처(Nature)지에 보고되었다.

색각 이상이 있을 때 내담자가 지각하는 색을 이해하는 것이 필요하나 정확하게 지각하기에는 어려움이 따른다.

② 착시

정상적인 시력을 갖고 있으나 그대로를 보지 못하고 착각하는 현상을 착시라고 한다.

■ 푸르킨예 현상

사람의 눈이 어두워질 때 푸른색에 민감하게 반응하는 현상으로, 어두운 곳에서 빨간색의 사물보다 파란색이나 초록색의 사물이 더 잘 보이거나, 새벽녘에 사물들이 푸르스름하게 보이는 것이 이 현상에 따른 원리이다.

■ 하만 그리드 효과

일종의 명도 대비로, 검정 사각 블록 사이의 흰 선의 교차 지점마다 회색 점 형태의 잔상이 보이는 현상이다. 이는 유채색에서도 마찬가지로 채도가 높은 청색에서도 회색 잔상이 보인다.

■ 색음현상

색을 띠는 그림자라는 의미로, 괴테가 발견해 '괴테 현상'이라고도 한다. 어떠한 물체의 그림자를 자세히 보면 그 색이 푸른빛이 도는 회색인 것을 볼 수 있으며, 물체에 어떤 빛을 비추면 그 그림자의 빛이 보색의 색조를 띄는 현상을 말한다. 예를 들면 붉은빛으로 사물을 비추면, 사물의 그림자는 청록색으로 보인다는 것이다.

■ 전경-배경 착시

전경-배경의 착시는 게슈탈트의 인지적 착시로, 그의 시각은 사물의 형태를 단순하게 시각적으로 본다는 의미가 아닌 형태를 정확히 파악하기 위한 선택적 통찰을 뜻한다. 물체와 모양으로 보이는 부분을 전경(foreground)이나 그림으로, 그 외의 배경(background)을 바탕으로 본다면 '전체는 부분들의 합과 다르다'라는 생리적 현상을 경험하게 된다.

이러한 착시 경험을 하는 이유는 우리의 의식이 통일성, 유사성, 연속성을 원하기 때문이라고 볼 수 있다.

2) 내담자의 주관적 색채

'색채를 읽는다'라는 것은 자신이 색을 통해 경험한 느낌, 선호도, 감각, 연상되는 이미지, 반응 등을 살펴보며 삶의 과정에서 자신의 문제, 자신의 에너지, 성장, 필요한 것, 해결 방안 등을 발견해 나가는 과정으로 주관적인 색채를 살피는 것은 중요한 요소가 된다.

(1) 내담자의 경험에 의한 기억 색

경험에 의한 기억된 기억 색은 사람마다 조금씩 다를 수 있다. 사과의 빨강이 어떤 사람은 고채도의 새빨간 색일 수 있고, 노란색이 가미된 빨강일 수 있고, 흐릿한 빨강일 수도 있다. 이러한 미세한 색의 인식은 다른 성향을 지니고 있을 수 있으므로 때로는 색을 명확히 알아볼 필요가 있다.

(2) 색채의 긍정적인 에너지 vs 부정적인 에너지

색채는 긍정적인 에너지와 부정적인 에너지를 동시에 지니고 있다. 내담자가 색채를 어떤 에너지로 보고 있는지 대화의 흐름과 감정을 살피는 것은 중요하다.

(3) 상담사는 자신의 주관적 색채 또한 파악

상담사는 색채로 심리를 읽을 때 자신의 주관적 색채를 인식하여 내담자의 주관적인 색채에 투사되지 않도록 주의하며, 색의 체계에 대한 정확한 인지와 색에 대한 어느 정도의 일관적인 기준을 세워 두는 것이 상담에서 전이와 역전이 현상에 도움이 될 것이다.

3) 색에 대한 객관적 요소

너무 주관적인 색채로 읽으면 방향이 한쪽으로만 치우쳐질 수 있으므로 객관적인 요소는 상담의 균형을 잡는 것을 도와준다.

(1) 색상별 성향 파악

내담자는 간혹 너무 주관적인 색채의 기억으로 상담의 과정에서 회피와 방어적 태도를 보일 수 있다. 이에 객관적 색채의 성향은 건강한 상담의 기준이 되어 줄 수 있다. 그러므로 색상별 성향에 대해 파악해 둘 필요가 있다.

* '색채별 심리'의 심리적 특성 참고

(2) 색조 살피기

색채에는 색상만 존재하는 것이 아니다. 색채의 3속성으로 명도와 채도 또한 존재한다. 이를 합하여 색조(tone)라고 말한다. 색조 또한 색상처럼 사람에게 영향을 주기 때문에 색상뿐 아니라 색조도 함께 읽는 것이 중요하다.

* '비렌의 색채이론' 참고

(3) 색의 배색 관계

색은 상호작용하여 주변의 색에 영향을 받기 때문에 내담자가 어떤 배색을 하였는지가 중요하다. 사람의 감정은 생각보다 다양하며 대부분은 2가지 이상 색을 사용하며 어떤 색을 어떻게 배색했는지에 따라 다른 감정과 다양한 영향을 주며 때로는 서로 상충하기도 한다.

① 색의 관계성인 혼색, 유사 관계, 대비 관계, 보색 관계

■ 혼색

- 색을 혼합하여 만든 색으로, 내담자가 색을 읽을 때 2가지의 단일 색을 혼합(예: 빨강+노랑=주황)하거나 혼색을 나누어 (예: 주황=빨강+노랑) 인지할 수가 있다. 내담자가 어떻게 인지하는지는 내담자 이야기의 흐름에 따라 살펴본다.
- 또한, 혼색을 정확히 파악하기 위해서는 색채 심리상담사는 혼색을 만드는 색의 혼합법을 알고 있을 필요가 있다.

■ 유사 관계

색상환에서 가까이에 이웃한 색으로 보통은 이웃한 색의 공통된 성질로 색을 읽는다.

■ 대비 관계

함께 배치되어 있는 인접한 색이 서로의 영향을 받아 본래의 색에 차이가 발생하는 현상을 말하며, 인접 색의 차가 클수록 대비의 효과는 강하게 느껴진다.

• 색상 대비 :

같은 면적에 명도나 채도가 비슷한 두 가지의 인접 색이 서로의 영향을 받게 되어 일어나는 차이로, 객관적 이론은 자극이 약한 색이 자극이 강한 색의 영향을 받는다. 색채 심리에서는 내담자가 배치된 2가지의 색 중 어떤 색이 강하고, 약하게 느껴지는지, 서로 어떠한 영향을 주는지 살펴볼 필요가 있다.

• 명도 대비 :

어두움과 밝음이 대비되는 것 현상을 말한다. 그레이브스(Graves)는 명암이 감각적 반응을 일으킨다고 생각하여 색채 설계를 목적으로 명암 구성법을 개발하였다.

Tip!

- 장명도 = 명도 간의 간격이 넓음/강한 대비
- 단명도 = 명도 간의 간격이 짧음/약한 대비

명도 단계	명암 구성법에 따른 명도 이미지	정서적 효과
고명도 & 단명도		우아함, 여성스러움, 슬픔, 자기애적 성향
고명도 & 장명도		화려함, 적극적, 명랑함, 흥분됨, 이분법적 사고, 자신에 대한 과대평가, 과한 활동성, 조증

명도 단계	명암 구성법에 따른 명도 이미지	정서적 효과
중명도 & 단명도		차분함, 안정적, 침착함, 몽환적, 우울, 무기력, 우유부단, 양가감정
중명도 & 장명도		솔직함, 강함, 공격성, 지배적, 풍부함, 내적 불안과 불만
저명도 & 단명도		음침함, 깊은 우울, 공포, 철회, 현실회피
저명도 & 장명도		권위적, 위엄, 보수적, 억압된 분노감

• 채도 대비 :

색의 선명도 정도가 대비되는 것이다. 채도의 선명도는 시각적인 기능으로 산뜻함과 흐린 기분의 차이를 불러일으킨다.

■ 보색 관계

- 일반적으로 빛의 두 가지 색깔을 겹쳐서 흰색을 만들 때, 혹은 잉크의 두 가지 색깔을 겹쳐 검은색을 만들 때, 그 두 가지 색깔을 보색 또는 보색 관계라고 한다.
- 스웨덴컬러센터(Natural Color System: NCS)와 일본색채연구소(Practical Color Coordinate System: PCCS)에서는 12색의 색상환에서 잔상이라는 생리적 각 현상에 따라 서로 마주 보고 있는 색의 관계를 심리 보색이라 말하였다.
- 보색 관계의 대비가 심할 경우 내적 갈등의 차가 크거나, 시각적 주목성을 주어 핵심 감정의 강조로 볼 수 있어 보색의 공통된 의미를 찾아볼 필요가 있다.

Tip!

■ 근접 보색

- 일명 반대색의 관계를 이야기하며, 색상환의 반대편에 있는 보색 관계에서 근접한 색을 일컫는다.
  (빨간색의 보색 = 청록색, 빨간색의 반대색 = 초록색 or 파란색)
- 이러한 반대색의 심리는 칸딘스키의 대립 I, 대립IV에 대한 설명을 살펴보며 도움이 될 것이다.

② 주조 색, 보조 색, 강조 색 살피기

그 외에도 배색할 때 사용되는 주조 색, 보조 색, 강조 색이 무엇인지 가늠하여 살펴보는 것이 중요하다.

■ 주조 색(Base color)

- 일반적으로 배색을 하였을 때 면적이 가장 많은 부분을 차지하고 있는 색이다.
- 기본이 되는 색의 심상이라 볼 수 있다.

■ 보조 색(Dominant Color)

- 주조 색 다음으로 면적이 넓은 색으로 주조 색을 보조해 주는 색이다.
- 주조 색과의 관계성을 나타내는 부차적인 색으로 기본적 심상을 더욱 풍요롭게 읽을 수 있도록 도와주는 요소가 된다.

■ 강조 색(Accent Color)

- 배색 중 가장 작은 면적을 지니고 있으며 눈에 띄는 포인트 색으로 색의 분위기를 조화롭게 정리하거나 집중하는 효과를 지닌다.
- 강조 색을 어떻게 사용하느냐에 따라 다르지만, 자신이 원하거나 진정으로 말하는 핵심 감정을 나타내는 색일 가능성이 있다.

4) 색채가 주는 심리적인 요소

(1) 색이 주는 감각의 심리적 요소

객관적인 색채는 앞서 이야기한 색채별 심리적 특성뿐 아니라 그 외에도 색이 주는 감각인 시간, 크기, 온도, 무게, 경연감 등에 따른 심리적 요소들을 살펴보아야 한다.

Tip!

- 난색 = 빨간색 계열, 한색 = 파란색 계열,
  중성색 = 난색과 한색에 속하지 않는 녹색 계열과 보라색 계열
- 명도 = 밝기의 정도(밝고 어두움)
  고명도 = 흰색에 가까운 밝음, 중명도 = 중간 밝기, 저명도 = 검은색에 가까운 어두움
- 채도 = 선명한 정도(맑고 탁함)
  고채도 = 원색에 가까운 맑음, 저채도 = 원색에 무채색이 섞여 탁해짐

① 시간

- 색의 3속성(색상, 명도, 채도) 중 색상과 가장 밀접한 관계를 하고 있다.
- 가시광선에서 장파장에 해당하는 난색 계열은 심리적으로 시간은 길게, 속도감은 빠르게 느껴져 마음을 조급하게 만든다.
- 단파장에 해당하는 한색 계열은 시간은 짧게, 속도감은 빠르게 느껴져 지루함을 조금이나마 덜어주어 마음을 느긋하게 만든다.

② 크기(부피)

- 고명도나 고채도의 난색은 진출하는 것처럼 보이는 시각적 효과로 면적이 팽창되어 보이며 외부로 확산하여 외향적인 성향을 지닌다. 특히 채도가 높은 노란색이 진출과 팽창이 높은 색으로 제일 눈에 띄는 효과가 있다.
- 저명도나 저채도의 한색은 후퇴하는 것처럼 보이는 시각적 효과로 실제보다 면적이 수축해 보이며 내부로 수축하여 내향적인 성향을 지닌다.

③ 온도

- 색의 3속성 중에서 색상의 영향을 받는다.
- 난색은 불과 태양을 연상시켜 따뜻하게 느껴지는데, 채도나 명도가 높

은 난색은 기능적으로 신체의 맥박, 내분비 작용을 활성화하여 심리적으로 흥분감을 준다.

- 한색은 바다와 하늘을 연상시켜 차가움과 청량감을 느껴지게 하는데, 채도나 명도가 낮은 한색은 기능적으로 진정 효과가 있어서 심리적인 안정감을 준다.
- 중간색은 난색과 한색의 혼합된 정도에 따라 난색의 혼합 양이 많으면 따뜻하게, 난색의 혼합 양이 많으면 차갑게 느껴질 수 있다.

④ 무게

- 무게는 명도의 영향을 받는다.
- 고명도의 색은 가볍고 경쾌한 느낌을 주고 저명도의 색은 무겁고 투박한 느낌을 준다.

⑤ 경연감(단단한 정도)

- 경연감은 주로 채도의 영향을 받으나 색의 영향 또한 가지고 있다.
- 고채도의 색은 강하고 날카로운 느낌으로 자신의 주장이 강하고 개성 있는 성향을 지닌다.
- 저채도의 색은 부드러운 느낌으로 자연스럽고 수용적인 성향을 지닌다.
- 고명도에 저채도를 지닌 파스텔 색조의 난색 계열은 부드럽고 사랑스러운 느낌을 주는 반면 저명도에 고채도를 지닌 딥톤의 한색 계열은 딱딱하고 단단한 느낌을 준다.

5) 내담자의 색의 선택과 색채 표현 방법

색의 선택은 개인의 성향에 따라 다르게 나타나며 감정의 적응도에 따라 색을 많이 사용하거나 적게 사용함으로써 심리적인 상태가 다르게 반영되지만, 보편적인 색채 사용 방법의 특징이 있으며, 그 특징들을 통해 심리상태를 바라

볼 수 있다.

(1) 색의 선택

① 색을 적게 사용하는 경우

- 감정적 적응력, 내적 에너지가 약할 가능성 있다.

② 다수의 색을 불필요하게 사용하는 경우

- 에너지가 너무 많거나 산만할 수 있다.
- 또한 자신의 마음을 너무 억제하여 본인의 감정을 알 수 없을 가능성이 있다.

③ 색을 조화롭지 못하게 사용하는 경우

- 충동적인 선택에 의한 부분으로 자기 통제력 또한 부족할 수 있다.
- 그러나 미적 감각이 부족한 경우일 수도 있다. 이럴 때 신중한 사람이더라도 부조화의 색을 사용하기도 한다.

색의 사용에 있어서는 색을 선택하는 태도 역시 함께 관찰해야 한다.

(2) 색채 표현 방법

① 윤곽선 강조

- 자기 통제 능력이 강한 사람일 가능성이 있고 강박감이 높을 때 강조선은 더욱 짙어진다.
- 또는 내성적이거나 자신의 영역을 중요시 생각하여 누군가에게 침해받기를 꺼리는 경향성이 있다.
- 특히 검정의 윤곽선 강조는 자기 자신에게 엄격할 가능성이 있다.

② 필요 이상의 덧칠

- 열등감을 나타낼 수 있으며, 자신의 마음을 숨기고 싶을 때 나타나기도 한다.
- 어두운색에 밝은색 덧칠 : 희망을 버리지 않으려는 가능성을 가지고 있을 수 있다.
- 밝은색에 어두운색 덧칠 : 억압된 감정으로, 점점 우울한 상태로 변화하는 과정을 표현할 수 있다.

③ 선명하지 않은 색칠

- 에너지 고갈(소진), 불분명함으로 무의식적으로 움츠러드는 경향성이 있다.
- 색을 문질러 흐릿하게 표현한 경우 :
  표현한 대상에 대한 불안 및 반항의 표현일 수 있다.

④ 여러 색의 몰림

- 욕구불만을 표현할 가능성이 있으며, 불만과 공격, 억제 등의 부정적 요소의 혼합으로 표현될 가능성이 크다.
- 색의 엉킴 :
  행동이 둔한 사람에게 많이 보이며, 반항적 태도에도 나타난다. 그뿐만 아니라 색을 칠하는 거칠기, 꼼꼼하게 칠하는 정도, 색을 칠하는 순서 등을 또한 관찰해야 한다.

07

Chapter

작품 활용

1. 나의 색
2. 관계의 색
3. 마음의 색
4. 변화의 색

1. 나의 색

1) 나의 색

활동 목표	집단원과 나의 색상과 이미지를 통해 자기 인식과 자기 수용 능력을 향상한다.
준비물	마카 (그 외 스티커 등 꾸미기 도구 가능)
진행 방법	"자신의 색을 연상하여 이미지화시키고 자신을 소개해 보세요" 1. 집단원이 보는 나를 대표하는 색상을 시트지 왼쪽 4칸에 순서대로 칠한다. 이 과정에서 타인의 시각을 통해 자신의 이미지를 객관적으로 탐색한다. 2. 자신을 가장 잘 나타낸다고 생각하는 색상을 선택하고, 왼쪽 맨 하단 칸에 색을 칠한다. 그 색상이 가지는 심리적 의미를 분석한다. 3. 왼쪽에 선택한 색상과 자신이 선택한 색상을 결합한 후 오른쪽 큰 네모 칸에 자기 이미지를 연상하여 하나의 통합된 이미지를 구성한다. 4. 생성한 통합 이미지를 활용하여 자기소개하고, 색상과 이미지가 자신의 정체성을 어떻게 반영하는지 설명한다. – 집단원들은 나를 어떤 색으로 보고 있나요? – 나는 자신을 어떤 색으로 표현하고 있나요? – 대화를 통해 드러난 주요 색상은 무엇이며, 그 색이 상징하는 바는 무엇인가요? – 선택된 주요 색을 통해 연상되는 이미지는 무엇인가요? – 타인의 시각과 자신의 시각에서 나타난 공통점과 차이점은 무엇인가요? – 색상 선택을 통해 드러난 자신의 심리적 상태나 욕구는 무엇인가요? – 선택된 색상을 통해 자신을 수용하게 된 부분이 있다면 무엇인가요?
상담의 tip or 유의할 점	– 초기의 라포를 형성하는 자신 소개 프로그램 활용 이외에도 중기의 관계 탐색 프로그램이나 자기 강점 인식 프로그램으로도 활용될 수 있다.

<나의 색> 사례 적용

K	B

책임감을 바탕으로 학구열과 재미와 열정으로 일관된 나의 일상을 표현한 것 같다. 마치 교육생들과 파도타기를 하면서 동기 부여를 위해 노력하듯이 최대한 균형을 맞추며 애쓰는 진주 구슬이 나인 듯하다. 작품 속에서 나의 교육생들에 대한 책임감과 지식 전달하는 모습과 수업 시간의 열정을 표현한 듯하다. 쿠사마 야요이의 영향으로 나도 점을 하나의 영혼으로 표현하여, 한 분 한 분을 교육생을 묘사하지 않았나 싶다. 작품을 다 하고 아쉬운 감이 있어서 황금색으로 테두리를 둘러서 액자처럼 만들어 주니 비로소 안정감을 느꼈다. 나의 틀이 너무 소중하고 틀 안에 있을 때 편안함을 느끼기에 누군가 내가 세워 놓은 규칙을 바꾸려고 할 때 싫어하고 불편해하는 것 같다.	나를 본 조원들의 색은 파스텔 색조의 색으로 안정적이고 여유로워 보이고 부드러운 이미지와 수용적인 모습이 보인다고 하였다. 그러나 내가 보는 나는 파스텔 색조보다는 채도가 높고 자기 고집이 있는 주황색인 것 같았다. 조원들이 준 색과 내가 본 나의 색을 조합하여 생각나는 것은 연꽃이었다. 친근하고 부드러운 듯하게 보이나 뿌리줄기의 고집 있는 연꽃이 떠올랐던 것 같다. 표현된 색상은 조원들이 생각한 색으로 표현되었지만, 내용 속의 의미는 내가 생각한 주황색인 것 같다, 그러나 겉으로 보이는 색에는 주황색이 없는 것으로 보아 나는 어쩌면 나의 색을 숨기고 있을지도 모른다는 생각이 든다.

<나의 색> 활동지

2) 스토리 하이라이트

활동 목표	자신의 이야기 중 핵심이 되는 한 장면을 통해 강점과 능력을 인식하고, 이를 활용하여 자기 잠재력을 극대화하며 자기 효능감을 높일 수 있다.
준비물	아크릴 물감, 잡지, 마카, 가위, 풀, 붓, 팔레트, 물통 (그 외 스티커 등 꾸미기 도구 가능)
진행 방법	**"나를 SNS에 이미지와 단어로 홍보한다면 어떤 것을 올리시겠습니까?"** 1. 자신이 사람들에게 알리고 싶은 인생의 중요한 순간을 떠올리며, 그 순간을 이미지와 단어로 표현한다. 2. 완성된 이미지를 통해 그 순간에 느꼈던 감정과 현재의 감정을 비교하며, 그 감정들이 자신에게 어떤 의미가 있는지 공유한다. - 내가 가장 알리고 싶은 순간은 언제이며, 그 순간이 나에게 어떤 영향을 주었나요? - 그 순간의 감정을 되돌아봤을 때, 어떤 감정이 가장 강하게 떠오르나요? - 현재, 그 순간을 떠올리며 느끼는 감정은 무엇인가요? - 그 순간을 다른 사람과 공유하는 것이 당신에게 어떤 의미가 있나요? - 그 순간을 다른 사람들과 공유함으로써 얻고자 하는 사회적 인정이나 지지는 무엇인가요? - 이 활동을 통해 자신에 대해 새롭게 인식한 점이나 깨달음이 있다면 무엇인가요? - 이 경험을 바탕을 앞으로의 삶에서 어떤 변화를 계획하고 있나요?
상담의 tip or 유의할 점	- 잡지나 사진, 그림들을 이용하여 콜라주로 진행하면 느낌이나 생각을 좀 더 쉽게 접근할 수 있다.

<스토리 하이라이트> 사례 적용

K	B

나를 알리고 싶은 한 순간은 강의할 때 나의 모습인 것 같다. 사회복지사를 양육한다는 느낌으로 한 분 한 분 제자라고 생각하고 스승으로서 돌보고 섬기고 있었구나! 하고 발견하였다. 이러한 교육철학이 아마도 나를 지탱하고 있는 나만의 자부심인 것 같다. 타인에게 풍선처럼 좀 더 가볍게 달릴 수 있도록 돕고 싶은 사람이 되고 싶은 걸까? 칵테일 한 잔의 여유를 부릴 수 있는 삶을 선물하고 싶은 키다리 아저씨가 되고 싶은 걸까? 영화 [인턴]에서 지혜가 풍부하여 어른 노릇을 제대로 하는 인생 선배 역할을 하고자 하는 바람으로 영화 장면을 가지고 왔다. 나에게 가르치는 일은 매우 소중하다는 것을 다시금 느끼는 순간이었다. 참으로 감사하고 고마운 일이다.	내가 생각했을 때 SNS는 남에게 보여주고 싶은 것을 표출하는 공간이다. 그런데 나는 딱히 사람들에게 보여주고 싶은 것이 없다. 그래서 내 마음을 추상적으로 표현해 보았다. 사람들이 보았을 때 내세울 만한 것들이 난 왠지 완성되지 않은 것 같다. 이것도 아니고 저것도 아닌…. 모아놓으면 또 그럴싸한 것 같기도 하고 이건 뭔가 싶기도 한…. 어찌 보면 작품 같기도 한데, 완성인지 미완성인지도 구분 안 가는…. 현재 혼란스러운 내가 표현된 것 같다.

<스토리 하이라이트> 활동지

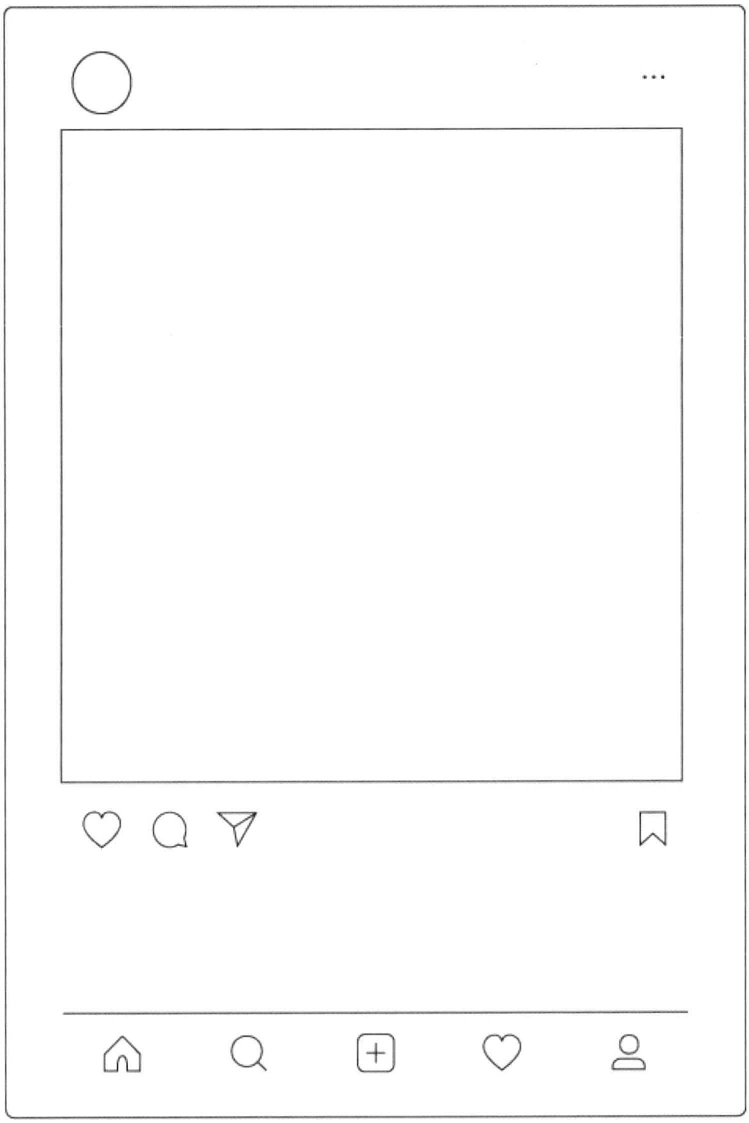

3) 내 생애 5대 뉴스

활동 목표	자신의 삶을 돌아보며 개인적으로 중요한 시점이나 사건을 인식하고, 표현함으로써 자아 정체성 강화와 삶의 의미를 재구성할 수 있다.
준비물	마카, 아크릴 물감, 붓, 물통, 비즈, 잡지, 가위, 목공용 풀 (그 외 스티커 등 꾸미기 도구 가능)
진행 방법	**"당신이 살아온 삶 속의 5가지 중요했던 일들은 무엇인가요?"** 1. 자기 삶에서 가장 중요한 5가지 사건이나 시점을 선택하고, 이를 시트지에 시각적으로 표현한다. 2. 완성된 작품을 통해 각 사건과 시점이 자신에게 어떤 감정적 영향을 미쳤는지 탐색하고, 그 감정에 관해 이야기 나눈다. - 삶에서 중요한 5가지 사건은 무엇인가요? - 사건들을 한 줄의 헤드라인으로 표현한다면 무엇일까? 5가지 순간들의 우선순위는 어떻게 결정되었나요? - 5가지 각각의 순간들이 당신에게 어떤 감정을 일으켰나요? - 표현된 감정의 색깔은 무엇이며, 그 색이 상징하는 의미는 무엇인가요? - 중요한 순간들이 현재 당신의 삶에 심리적으로 어떤 영향을 미치고 있나요? - 이 순간들이 남긴 감정이나 어려움이 있다고 하면 그것은 무엇이며, 그것들을 어떻게 치유하거나 극복했나요? - 중요한 순간들을 다시 떠올리면서 새롭게 얻은 통찰이나 깨달음이 있나요? - 5대 뉴스가 당신의 전체적인 삶에서 어떤 위치를 차지한다고 생각하나요? - 앞으로의 삶에서 이러한 순간들을 통해 어떤 긍정적 변화를 도모하고 싶나요? - 이 활동을 통해 자신에 대해 새롭게 알게 된 점이 있다면, 그것은 무엇인가요?
상담의 tip or 유의할 점	잡지를 이용하면 연상 작업과 이미지 구상에 도움이 된다.

<내 생애 5대 뉴스> 사례 적용

<table>
<tr><th>K</th><th>B</th></tr>
<tr><td>
</td><td>
</td></tr>
<tr><td>똑똑하고 듬직한 우리 아들, 예쁘고 상냥한 우리 딸, 강의하는 당당한 나, 새로운 분야로 나아가려고 준비하는 딸이랑 나, 쌍꺼풀 수술 해서 점점 아름다움에 관심이 생기는 나로 5대 뉴스를 정리해 보았다. 비록 5대 뉴스에 들어가지 않지만, 나의 인생에 제일 많은 영향을 미치고 있는 남편을 오른쪽 아래에 크게 넣은 것을 발견하였다. 얄미울 정도로 당당한 모습의 남편을 공간에 집어넣고서야 비로소 작품이 완성된 느낌이 들었다. 우리 가족 다들 열심히 제 몫을 다면서 사는데 28년간 한결같이 변화하지 않고, 그대로 머물러 있는 남편이 때로는 부끄럽기도 하고 한심해 보인다. 이를 계기로 나에게 있어서 남편의 의미는 무엇인지? 내가 왜 남편을 배우자로 선택했을까? 에 대해 의문을 품게 되었고 치열하게 생각한 끝에 나는 남편을 선택할 당시 좋은 아빠? 유능한 남편의 기준보다는 나의 스키마였던 유기 불안으로 인해 나를 영원히 안 버릴 사람만을 찾아서 선택하였구나!라는 것을 통찰하게 되었다.</td><td>태어나서 얼마 되지 않아 수술받게 되었다. 그 연상 작업으로 피, 상처가 배경에 빨강으로 표현된 것 같다.
유년기에 가장 많이 들은 이야기는 도대체 뭐가 되고 싶니~? 였다. 딱히 잘하고 흥미가 있지 않은 나에게 가장 어려운 질문이었다. 그나마 잘하는 것으로 생각해 미술이었는데 하나의 재능으로 진주로 표현하였다. 산업디자인과를 진학해 여러 스킬들을 배운 것을 하늘색 바탕과 과제들로 표현하였고, 그 과정에서 색채에 관심이 많은 모습을 무지개색으로 표현하였다. 모든 과정을 통합하고 있는 뉴스는 현재 미술 심리상담(예술치료)으로 보인다. 그러나 현재 가장 큰 부분을 차지하고 있는 뉴스는 카메라 부분의 색채인 것 같다. 내 삶의 시간이 차근차근 쌓여 찬란한 빛이 되길 바라며 문구를 오려 헤드라인을 붙여보았다.

이 작업은 내가 현재 이 자리에 존재하는 이유와 그 과정을 살피게 되는 계기가 되었다.</td></tr>
</table>

<내 생애 5대 뉴스> 활동지

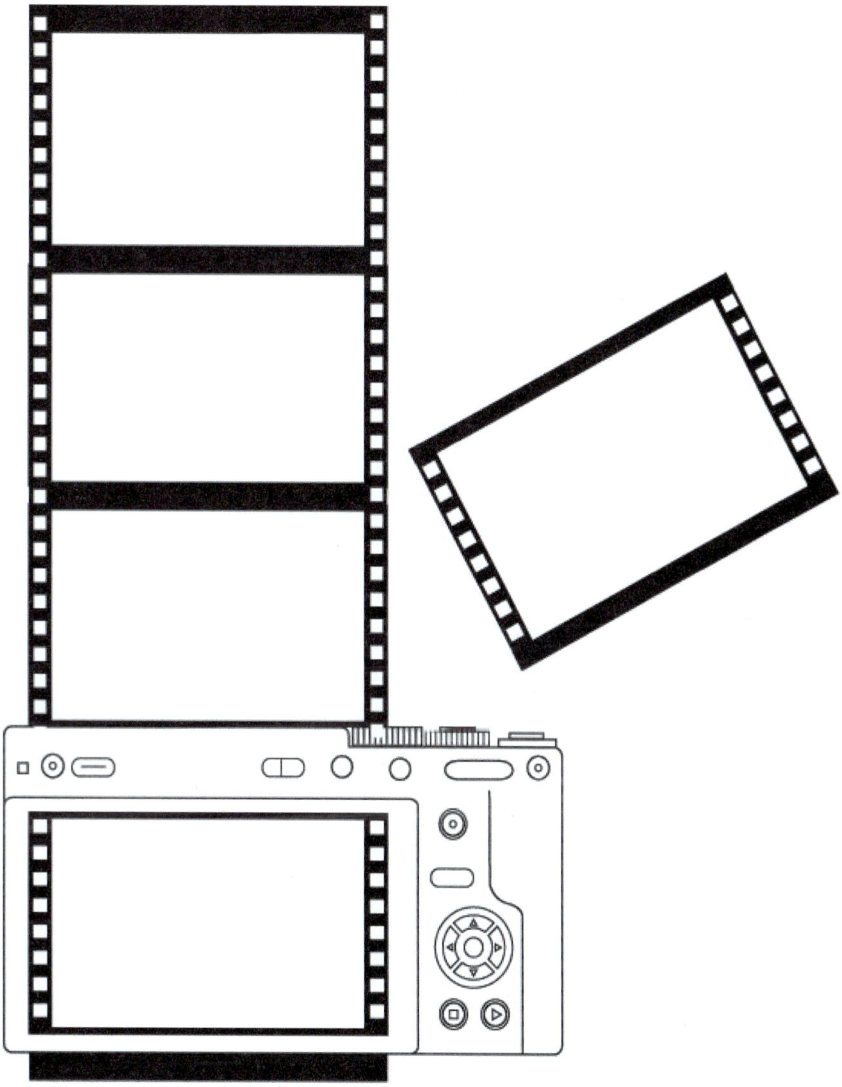

4) 나무와 우체통

활동 목표	내면의 감정을 외현화하여 현재 상황과 바람을 통찰할 수 있도록 돕는다.
준비물	마카, 색연필, 비즈, 목공용 풀 (그 외 스티커 등 꾸미기 도구 가능)
진행 방법	**"나무와 새와 우체통을 통해 시트지를 꾸며보세요."** 1. 나무, 새, 우체통 세 가지의 주제로 시트지를 꾸며본다. 2. 완성된 작품을 살펴보고 자신이 느끼고 있는 감정과 현재 상황 나누기 – 어떤 상황인가요? – 계절(분위기)은 언제인가? 그 계절이 자신에게 주는 감정이나 상징적인 의미는 무엇인가요? – 나무는 어떤 나무인가요? – 나무의 상태는 어떠한가요? (예: 푸르름, 낙엽, 꽃, 열매 등) 나무의 상태가 당신의 현재 감정을 어떻게 반영하고 있나요? – 새는 무엇을 하고 있나요? – 새가 상징하는 것은 무엇인가요? 새가 당신의 감정이나 바람을 어떻게 대변하고 있나요? – 우체통 안에 무엇이 들어 있나요? – 그 안에 들어 있는 소식은 어떤 내용인가요? 이 소식이 당신에게 어떤 의미가 있나요? – 작품 중 '나'라고 생각되는 주제는 무엇인가요? 작품 속에서 자신을 가장 잘 대변하는 주제(나무, 새, 우체통) 중 '나'라고 생각되는 것은 무엇인가요? 그 이유는 무엇인가요? – 주제가 현재 당신의 삶에서 중요한 이유는 무엇인가요? 이 주제를 통해 자신에 대해 새롭게 발견한 점이 있나요? – 작품을 통해 현재 자신의 상황에 대해 새롭게 통찰한 내용이 있나요? – 현재 삶의 방향성에 어떤 변화를 시도하고 싶나요? – 앞으로의 삶에서 이 주제들을 어떻게 활용하고 싶나요?
상담의 tip or 유의할 점	– 그림의 내용과 표현된 상징이 일치하는지를 검증할 필요가 있다. – 나다움을 표현하려는 방법으로, 나태주 시인의 「나무는」으로 도입을 시작할 수 있다.

<나무와 우체통> 사례 적용

K	B

완성된 작품을 보니 나뭇가지의 굵기에 비해 너무 크고 많은 꽃이 피어 있는 것 같아서 버겁다. 라는 느낌이 확 다가왔다. 과도한 업무량으로 인해 늘 늘 동동거리는 나의 현재 상황이 표현된 것 같다. 나뭇가지 크기와 비교하면 과도한 크기의 꽃을 보면서 현실 상황에서 얻을 수 있는 것보다 더 크게 결과물을 원하고 있는 것 같다. 늘 애쓰고 열심히 일하면서 분주하게 왔다 갔다 하는 빨간색 새가 나인 듯싶다. 좋은 소식보다는 먹이처럼 돈을 벌어 빈 편지통에 넣고 있는 것 같다. 체력이 약해서 많이 지쳐 있는 새에게 빈 편지통을 둥지처럼 아늑하게 꾸며주고 "잠시 쉬어도 돼. 언제든지 편안하게 쉬면서 해도 돼."라고 허락의 말, 위로의 말을 건네고 싶다. 나의 현재 상황을 탐색할 수 있었다.	우체통 안에 이미 몇 개의 편지가 있으나 기다리고 있는 소식은 따로 있는 듯하다. 나뭇가지엔 꽃이 피기 전에 새싹을 틔우기 위해 이전 꽃잎이 지고 있다. 이 모습이 나의 상황을 반영하고 있는 듯하다. 새로운 무언가를 시작하는 시점 옛것을 정리하는 상황에 새로운 무언가를 찾는데 딱 마음에 드는 것이 없다. 그림 속에서 어떠한 소식과 희망을 기다리는 모습의 우체통은 나를 대변하고 있는 듯하다.

<나무와 우체통> 활동지

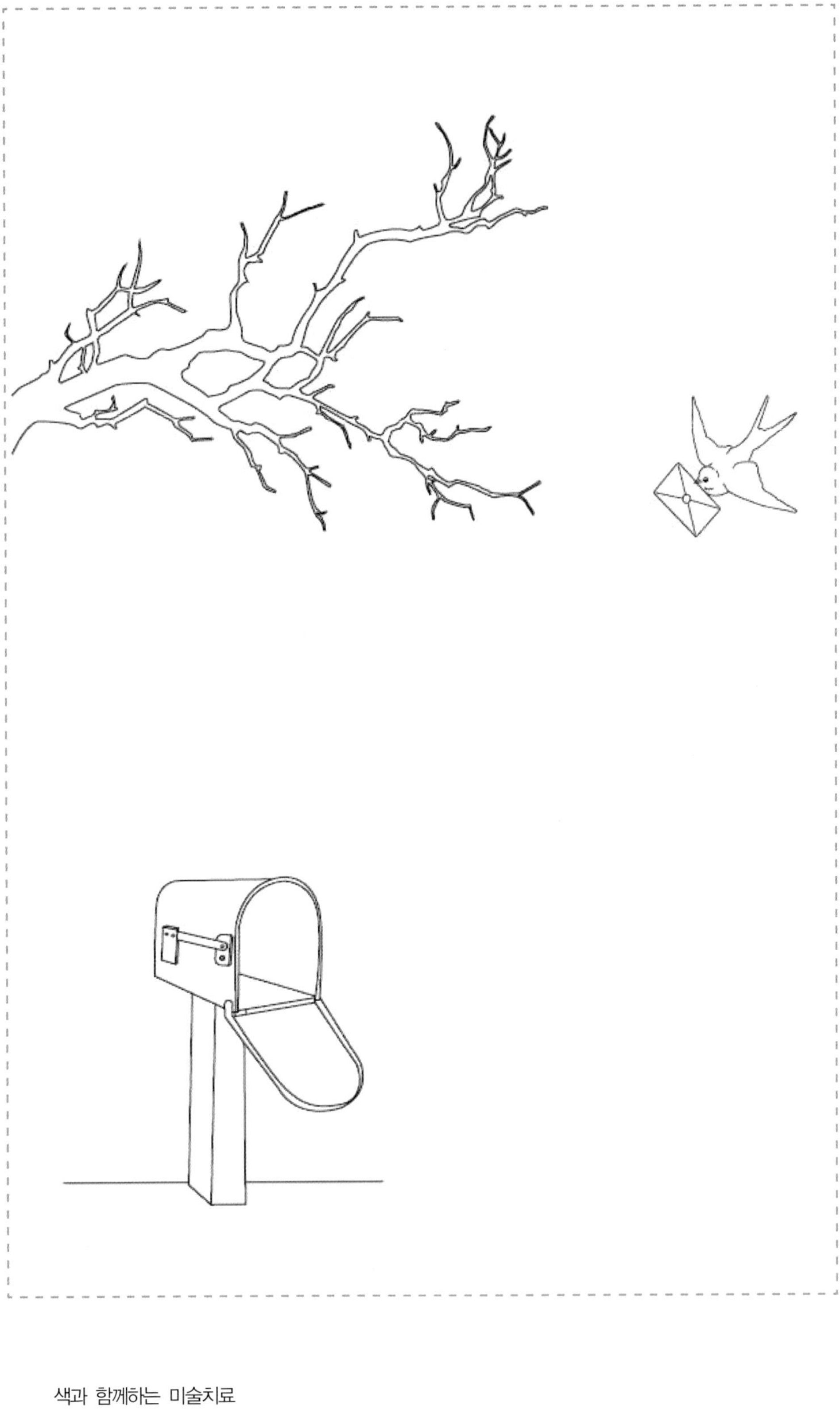

5) 거울 속의 자화상

<table>
<tr><td>활동 목표</td><td>거울을 사용하여 자신을 다양한 각도에서 관찰함으로써, 외적 인식과 내적 자각 사이의 차이를 투영하고, 자기 모습을 깊이 인식하고 수용할 수 있다.</td></tr>
<tr><td>준비물</td><td>자신의 사진, 연필, 전부 혹은 아크릴 물감 (그 외 스티커 등 꾸미기 도구 가능)</td></tr>
<tr><td>진행 방법</td><td>"진정한 나의 모습은 거울에 어떻게 비칠 것인가?"

1. 에셔의 작품 '구면 거울의 자화상' 시트지에 거울을 통해 자기 얼굴을 관찰하면서 자신의 자화상을 그릴 수 있도록 돕는다. 거울을 통해 자기 얼굴을 관찰하며 자화상을 그린다.

2. 에셔의 '구면 거울의 자화상'의 설명을 참고하여, 구면 거울이 제공하는 독특한 시각적 왜곡과 그 의미를 이해하며 작업을 진행한다.
• 에셔의 '구면 거울의 자화상' : 반사되는 유리구슬 형태가 예술가의 손에 들려 있다. 구슬에 반사된 세상은 직접 눈으로 바라보는 것보다 훨씬 완전한 시각을 제공하고 있으며 그가 구슬을 어떤 위치로 돌리든지 그는 중앙에 남아 있다. 그 자신이야말로 그의 세계에서 흔들리지 않는 핵심이라는 사실을 표현했다. (그림의 마술사에서 특별전 中)

3. 완성된 작품을 살펴보며 자신이 느끼고 있는 감정을 이야기 나눈다.
– 나는 어떠한 관점에서 구면 거울을 표현하였나요? 거울 속에 비친 자신을 어떻게 느꼈나요?
– 거울에 비친 외적인 모습과 내가 느끼는 내적인 모습 사이에 어떤 차이가 있나요?
– 유리구슬을 들고 있는 상태에서 나는 어떻게 보이는가?
– 거울에 비친 나의 관점에서 나는 어떻게 보이고 싶은가?
– 나에 대해 보이는 외적인 모습과 내가 보는 내적인 모습의 차이는 무엇인가?
– 활동을 통해 당신은 내면의 어떤 부분에 더 집중하게 되었나요? 그 집중이 당신의 자아 성장에 어떤 영향을 미칠 것인가요?</td></tr>
<tr><td>상담의 tip or 유의할 점</td><td>– 만약 그림 그리는 것을 어려워하시는 분들이 있을 때, 원형 거울을 활용하고 거울 주변을 꾸밈으로써 쉽게 접근하도록 한다.
– 거울을 보고 자화상을 그릴 수도 있고 거울에 비추어진 실루엣을 그대로 따라 그릴 수도 있는 등 다양하게 활용할 수 있다.
– 자신을 상징할 수 있는 배경을 함께 그린다면 주어진 환경에서의 자기 내면을 살펴볼 수 있다.
– 어떤 모습이 진정한 나에 가까운지 탐색해 보는 계기를 제공할 수 있다.</td></tr>
</table>

<거울 속의 자화상> 사례 적용

K	B
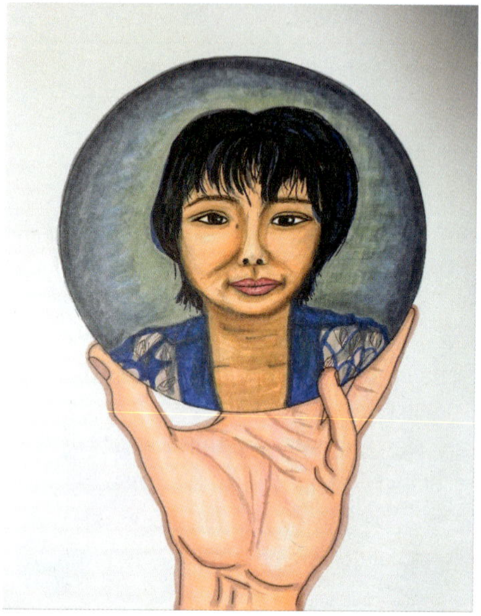	
처음에 잘 그려야 한다.라는 압박감에 부담스러웠는데 나는 아마추어야! 하는 생각으로 편하게 그리니 좀 더 편안하게 그리게 되었다. 거울을 통해 찬찬히 나의 표정과 주름 하나하나를 살펴봄으로써 나의 소중함과 애씀을 위로하는 시간이었다. 나의 볼을 터치하고 머리카락을 한 올 한 올 그려주면서 마치 화가가 되어 나에게 최상의 선물을 주는 것처럼 느껴졌다. 붓 터치를 통해서 하나하나 나를 꾸며주는 시간이 마치 누군가에게 섬세한 보살핌을 받는 시간과 같이 여겨졌다. 구면의 자화상을 떠받치고 있는 손이 갑자기 나의 손으로 인식되면서 손만 중요하게 두드러져 보이면서 나를 스스로 떠받치고 있는 나의 손이 버겁기도 하고 안쓰럽게 보였다. 한편으로는 당당하게 들고 있는 모습으로 보이기도 하여 대견한 마음, 감사한 마음이 들기도 하는 등 양가감정을 느꼈다.	자화상을 막상 그리려고 하니 어떻게 그려야 할지 어렵다는 느낌밖에 들지 않았는데 거울을 활용하니 부담감을 줄이는 방법이 되었다. 구슬을 들고 있는 손은 좀 더 안정감이 있으면 해서 클레이를 활용하여 표현하였다. 손이 들고 있는 구슬은 맑고 투명한 느낌이었으면 해서 하늘색으로 표현하였고, 거울 속에는 새로운 시작과 희망의 표현으로 새싹과 꽃을 그려보았다. 작품을 통해 맑은 구슬로 어디서든 솔직하고, 거울을 볼 때마다 자신감이 생겨나길 바라는 마음이 표현된 듯하다.

<거울 속의 자화상> 활동지

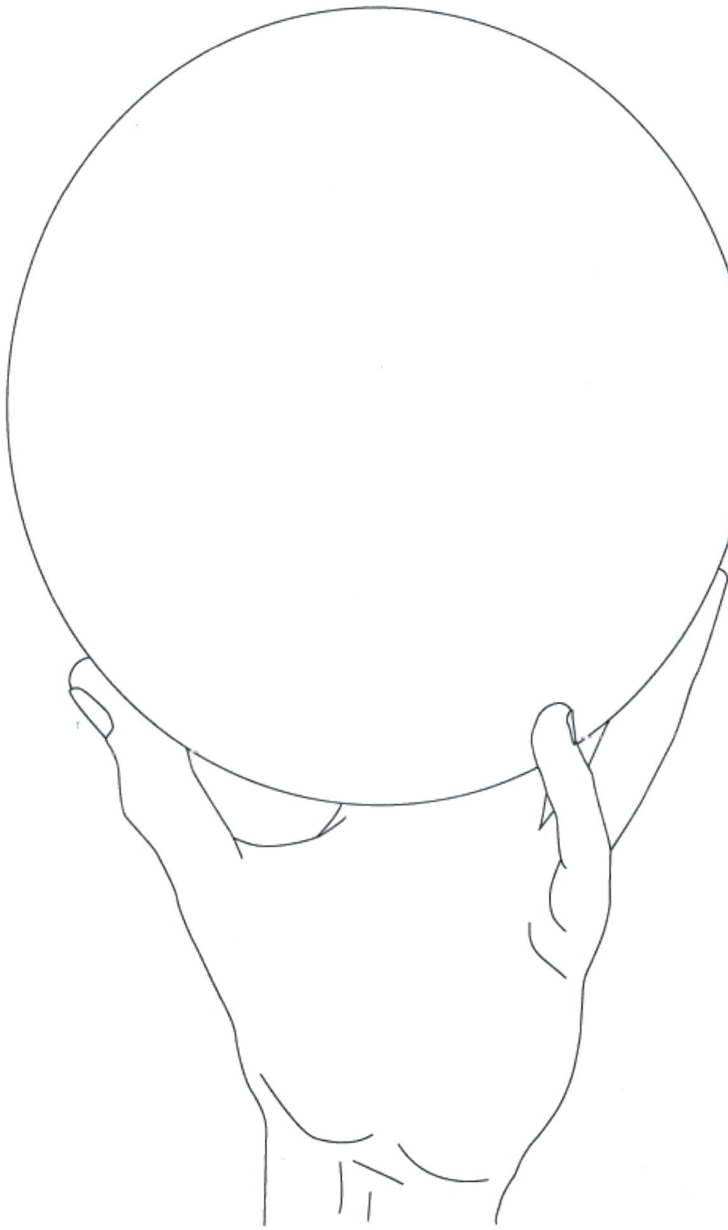

6) 에바 알머슨의 '점 잇기'

활동 목표	점 잇기를 통해서 인생 그래프를 완성한다.
준비물	전부, 파스텔 (그 외 스티커 등 꾸미기 도구 가능)
진행 방법	"나는 어떤 사람인가요?" (한 살 한 살이 쌓이는 경험과 매 순간의 결정이 현재 나라는 존재를 만들어 나갑니다. – 에바 알머슨) 1. 시트지의 숫자는 나이를 의미한다. 각 숫자를 이으면서, 해당 나이에 경험했던 주요 사건이나 감정을 색과 함께 연결하여 표현한다. 나이 숫자를 따라 자신의 과거를 회상하며 점을 이어나가고, 현재의 나이까지 도달한 후에는 미래를 상상하며 추가적인 점을 이어간다. 2. 완성된 자화상을 통해 자신의 인생을 돌아보고 느낀 점을 나눈다. – 점을 다 이은 후 자신의 인생을 돌아봤을 때 어떤 느낌인가? – 사용한 색상 중 긍정적 또는 부정적으로 느껴지는 색은 어떤 것들이고, 그 색들의 의미는 무엇인가요? – 지금까지의 여정 중 어떤 순간이 자신에게 가장 큰 영향을 미쳤나요? – 점 잇기를 통해 과거, 현재, 미래의 감정 흐름 변화는 무엇인가요? – 과거의 어떤 경험이 현재의 자신을 형성하는 데 중요한 역할을 했나요? – 현재 직면하고 있는 가장 큰 도전은 무엇이며, 이를 어떻게 극복하고자 하나요? – 앞으로 자신의 어떤 측면을 개선하거나 발전시키고 싶은가요? – 전체적인 자화상을 살펴보면 어떤 이미지가 보이나요? – 지금의 자신을 만든 결정적인 요소는 무엇이라고 생각하나요? – 배경이 주는 의미는 무엇인가요?
상담의 tip or 유의할 점	– 나이에 따른 선의 색상, 진하기, 두께 등을 통해 삶의 깊이를 파악할 수 있다. – 65세 이상 어르신의 경우는 숫자의 단위를 2단위로 변경하여 사용할 수 있다.

<에바 알머슨의 '점 잇기'> 사례 적용

K	B
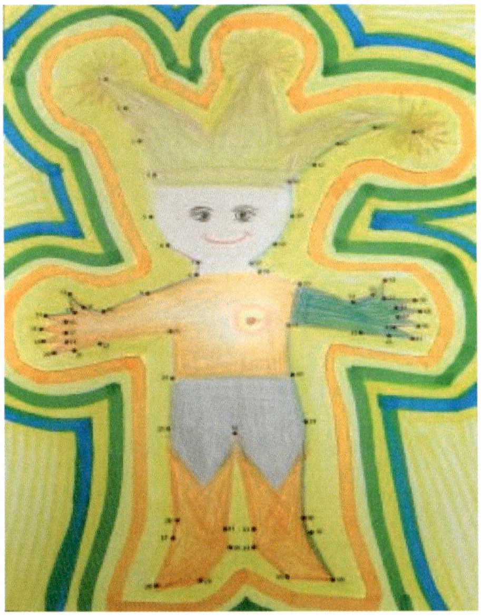	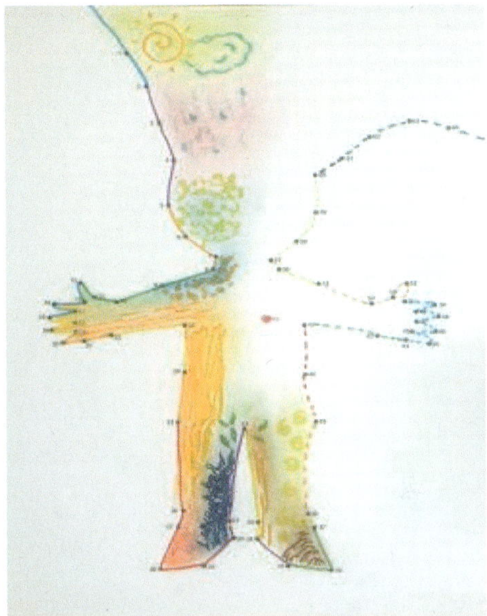
작품을 보니 나의 삶을 통해 한 살 한 살 발자취를 통해 만들어진 또 다른 나의 모습이라는 생각이 들었다. 어떤 이유에서 나는 광대의 모자가 그리고 싶었는지 궁금해 고민하게 되었다. 아마도 강사의 직업도 남들 앞에서 웃기고 감동을 주어야 하는 직업이라고 나 스스로 해석하고 있었나 보다. 배경을 마치 광배처럼 꾸미고 있는 것은 선한 영향을 주는 사람이 되고 싶은 마음에서 아우라를 그린 것 같다. 다른 측면으로 보면 나를 안전하게 수호해 주는 보호막일 수도 있을 것 같다는 생각이 문득 들기도 하였다. 왼쪽 팔을 오른쪽 팔과 다른 색으로 표현하는 것을 보면서 그 시기부터 본격적으로 사회복지사에서 직업 훈련 교사의 길로 전환했던 시기와 일치함을 발견하여 깜짝 놀랐다. 전체적인 분위기가 광대이지만 스스로에게 꽤 만족스럽고 즐거운 상태인 나를 보는 것 같아 감사할 따름이다.	지금 내가 지나온 시간은 선으로, 앞으로 나아갈 시간은 점선으로 점을 이었다. 아직 지나가지 않은 시간의 공간은 가능성을 표현하고자 공백으로 두었고, 지나온 시간은 당시 느낌을 그림과 색으로 표현하였다. 에너지가 떨어지고 자존감이 약했던 시기는 파스텔이 흐릿하고 번짐이 더 퍼져 보였으며, 자기 주관이 뚜렷하고 에너지 넘치던 날은 선명하고 밝은색으로 배치되었음을 알 수 있었다. 또한, 고민이 많았던 날은 파란 계열이 많았으며, 힘들었던 날은 갈색으로 어둠이 표현되었고, 즐겁고 자유로웠던 시기는 주황색으로 채워졌음을 발견하였다. 시간이 지나면 지금 힘들었다고 생각한 시절도 그래도 그때가 즐거웠어! 하고 다시금 색이 변할 수 있을 것 같다.

<에바 알머슨의 '점 잇기'> 활동지

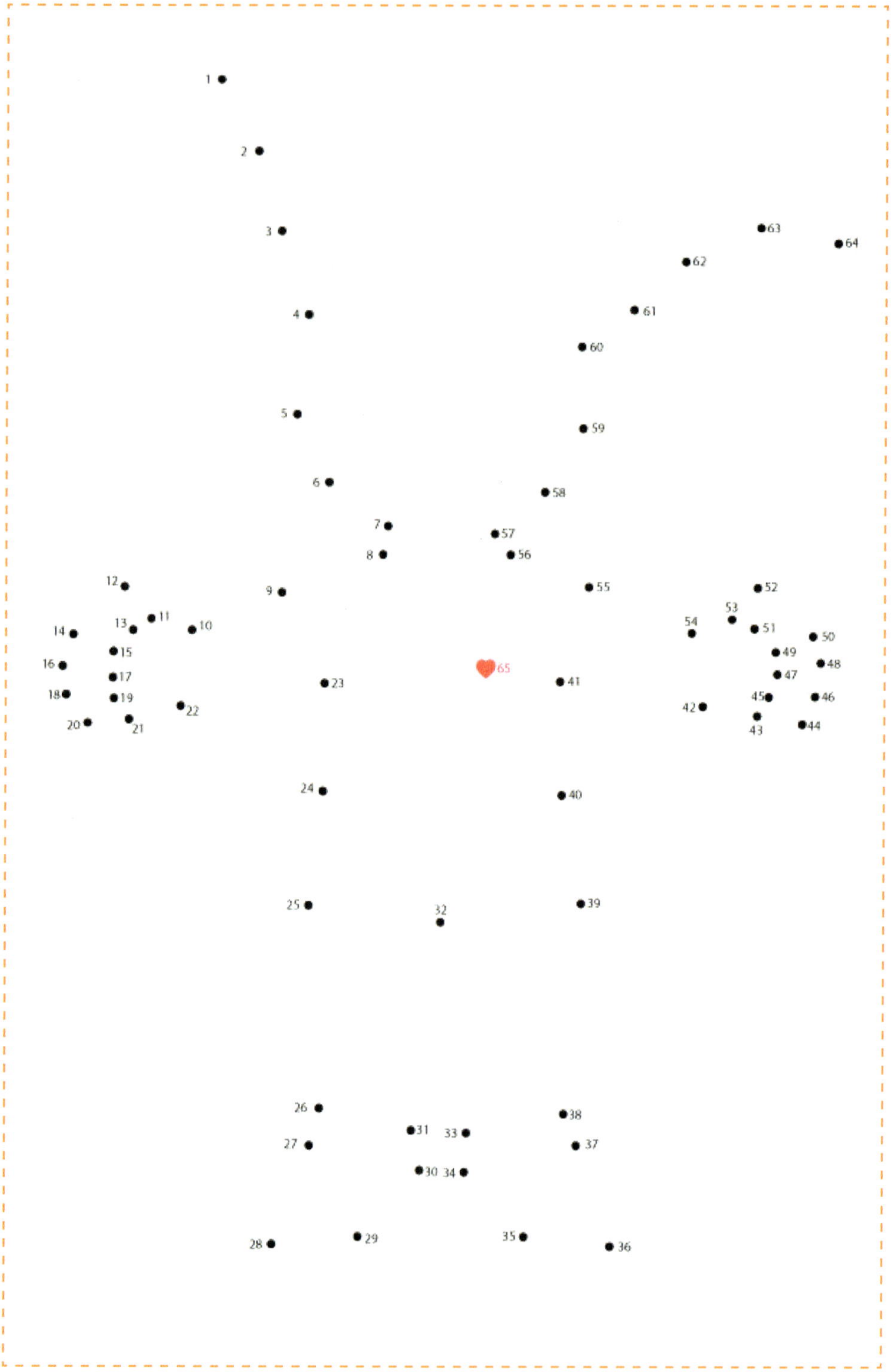

7) 삶의 무게

활동 목표	삶에 대한 현재의 정확한 인식과 스트레스의 정도를 파악하고 변화와 대처 방법을 모색한다.
준비물	전부, 목공용 풀 (그 외 스티커 등 꾸미기 도구 가능)
진행 방법	**"내가 짊어지고 있는 삶의 무게는 어느 정도인가?"** 1. 현재 내가 지고 있는 삶의 무게에 대해 구체적으로 표현한다. 2. 완성된 작품을 보고 통찰한 내용을 나눈다. - 자신이 짊어진 삶의 무게는 구체적으로 무엇으로 구성되어 있나요? - 내 삶의 무게와 크기는 어떠한가요? - 표현된 삶의 무게를 바라보며 느낀 감정은 어떤가요? - 작품 속 삶의 무게를 짊어진 사람에게 해주고 싶은 메시지는 무엇인가요? - 삶의 무게를 어떻게 관리하고 싶은가요? - 삶의 무게를 내려놓거나 나눈다면 어떤 변화가 예상되나요? - 삶의 무게를 경감시킬 수 있는 실질적인 방법은 무엇인가요? - 내 삶의 무게를 나눌 수 있는 사람은 누구인가요? (가족, 지인, 친구, 동료…. 등) - 활동을 통해 자신에 대해 새롭게 발견한 점은 무엇인가요? - 삶의 무게와 관련하여 가장 힘든 점과 그것을 극복하는 방법은 무엇인가요?
상담의 tip or 유의할 점	- 집단상담 시 집단구성원이 작품 속 삶의 무게를 짊어진 사람에게 해주고 싶은 메시지를 전달할 수 있다.

<삶의 무게> 사례 적용

K	B

내가 짊어져야 할 삶의 무게를 시각적으로 구체적으로 표현해 보니 내 삶의 현실감을 제대로 느낄 수 있었다. 너무 무거워 보이는 나의 모습을 보니 안쓰러워졌다. 나의 작품을 보면서 너무 커져 버린 내 삶의 무게가 버겁게 느껴지기도 하지만 잘 버티고 있고, 이걸 다 내가 견디고 있었네.라는 대견함도 함께 느꼈다. 참 열심히 잘살고 있었구나!라는 위로의 말과 넌 참 대단한 엄마이자 며느리이자, 딸, 그리고 아내이구나!라고 칭찬하고 싶다. 내가 저런 커다란 짐을 들고 일어나서 앞으로 달릴 수 있을까? 하는 의문도 순간 들었지만 그림을 보면 앞으로 힘차게 들고 뛰어갈 수 있을 것 같이 보인다. 그러나 나를 사랑하는 방법은 내가 짊어진 짐을 이제는 어떻게 가볍게 만들 수 있을까? 아니면 나눌 수 있을 것인지 구체적인 실천 방법을 찾아 주고 싶었다.	묵직한 큰 돌그릇 위에 자질구레한 작은 돌들…. 묵직한 큰 그릇보다 나는 자질구레한 작은 돌들이 떨어질 것을 더 두려워하고 있는 듯하다. 받치고 있는 묵직한 큰 돌그릇은 크고 움푹 파여 있어 자질구레한 돌들이 쉽게 떨어지지도 않을 텐데…. 그 자질구레한 것들을 떨어뜨리지 않기 위해 일어서지도 내려놓지도 못하는 어정쩡한 자세를 취하는 듯하다. 차라리 바람이 불어 작은 돌들이 멀리 날아가기를 바란다. 쓸데없는 걱정들…. 혹시나 하는 마음에 큰 가방에 자질구레한 것을 넣고 다니는 나의 모습처럼 보인다.

<삶의 무게> 활동지

8) 안전지대

<table>
<tr><td>활동 목표</td><td>자신만의 안전한 공간을 구축하여, 일상생활에서 안전함과 편안함을 경험할 수 있도록 한다.</td></tr>
<tr><td>준비물</td><td>클레이, 목공용 풀 (그 외 스티커 등 꾸미기 도구 가능)</td></tr>
<tr><td>진행
방법</td><td>"당신이 생각하는 안전한 공간은 어디인가요?"

1. 눈을 감고 지금까지 살아오면서 안전함과 편안함을 느꼈던 장소에 대해 떠올리게 한다.

2. 떠오른 안전한 공간을 상세히 꾸며나가면서, 그 공간이 자신에게 어떤 의미가 있는지 시각적으로 표현한다.

3. 완성된 작품을 바탕으로, 안전한 공간이 주는 감정과 필요한 추가 요소에 관해 이야기 나눈다.

4. 안전한 공간에 있을 때 자신의 느낌을 하단의 네모 안에 색으로 표현해 본다.

5. 안전한 공간에 대한 색이 나에게 주는 의미를 탐색한다.

6. 작품 속에 더욱더 편안하고 안전한 곳이 되기 위해, 필요한 것이 있다면 그것을 첨가할 수 있다.
- 당신의 안전한 공간은 어디인가요?
- 당신은 어떤 상황에서 안전한 공간을 찾게 되나요?
- 안전한 공간을 떠올릴 때, 그 공간이 당신에게 어떤 위안을 주나요?
- 이 공간이 실제 삶에서 구현될 수 있다면, 어떤 변화가 일어날 것 같나요?
- 안전한 공간을 더 잘 활용하기 위해 어떤 방법을 시도해 볼 수 있을까요?
- 이 공간에 더 많은 안전감을 느끼기 위해 추가하고 싶은 요소가 있다면 무엇인가요?
- 안전한 공간을 자주 떠올리면, 일상생활에서 어떤 도움이 될까요?</td></tr>
<tr><td>상담의 tip
or
유의할 점</td><td>- 안전한 공간이 부정적(예: 술, 담배, 게임, 핸드폰, 폭식 등)일 경우, 이 경우는 일상생활의 부정적 결과, 중독, 건강상의 문제가 있으므로 긍정적인 안전지대로 변경할 수 있도록 도움이 필요하다.</td></tr>
</table>

<안전지대> 사례 적용

K	B
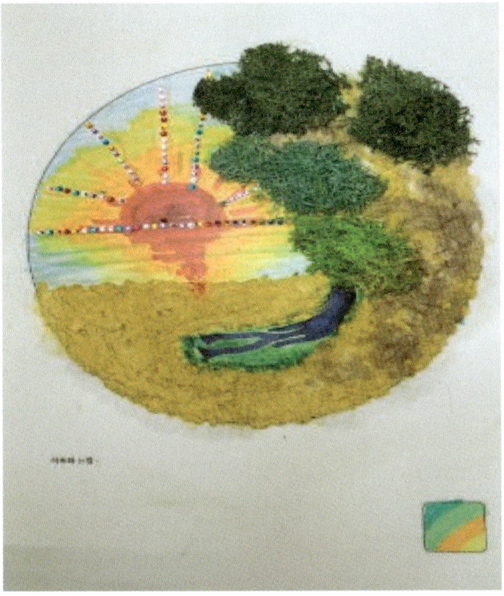	
나의 안전한 공간을 연상해 보니 마시안의 커피숍에서 보았던 노을이 가득한 해변이 떠올랐다. 그것을 표현해 보았으나 막상 작품을 보니 헤어질 결심에서 탕웨이가 죽으려고 파놓은 해변 웅덩이에 내가 누워있는 듯한 느낌이 생겨서 몹시 당황스러웠다. 죽음을 생각할 정도로 힘들었던가? 사라지고 싶을 정도로 힘들다면 나에게 쉼을 주어야 한다.라는 생각이 올라오면서 자기 돌봄을 해야 할 시기임을 지각하는 계기가 되었다. 장소라고 단정하지 않고 생각해 보면 진정한 나의 안전지대는 엄마의 품인 것 같다. 그래서 요양원에 계신 엄마에게 주말마다 빠지지 않고 열심히 찾아뵙고 있는 것 같다. 책임감이 아니라 바쁜 일상에서 지친 나의 육신을 마치 어린 새가 엄마 새의 품으로 찾아 들어가 위로와 치유를 받고 왔었던 것이었구나! 나의 안전지대인 엄마가 부디 아프지 마시고 오래오래 사시기를 바랄 뿐이다.	나의 안전장치는 눈에 보이지 않는 경계의 유리막이다. 투명해서 밖도 볼 수 있고 밖에서도 나를 볼 수 있지만, 외부에서 너무 잘 보이는 건 부담스럽다. 언제든 나갈 수 있고 들어올 수 있는 문도 있다지만 나만 문의 비밀번호를 알고 있다. 플라스틱 돔이 작아 플라스틱 안쪽 바닥을 물로 표현하였는데, 유리막 안쪽의 자유로움이 느껴졌으며 초록의 부분까지는 편안함을 느끼는 공간인 듯하다. 내 영역은 중요하다. 많은 것들에 수용은 가능하나, 나에 대한 갑작스러운 침범이나 무례한 방문은 경계한다. 항상 상황을 관찰하고 내가 어떻게 움직일 수 있고 움직일지를 생각하며 상황을 통제한다. 이러한 내 성격이 안전장소에 표현된 것 같다.

<안전지대> 활동지

이유와 느낌 :

9) 여행 가방

활동 목표	상황에 따른 자신의 성향과 심리적 욕구를 확인할 수 있다.
준비물	목공용 풀 (그 외 스티커 등 꾸미기 도구 가능)
진행 방법	**"당신은 미지의 세계로 떠나려고 합니다. 무엇을 가지고 갈 것인가요?"** 1. 미지의 세계로 떠날 준비를 하며, 자신만의 여행 가방을 꾸며본다. 2. 완성된 작품을 보며, 그 과정에서 느낀 감정과 생각을 공유한다. - 당신이 상상하는 미지의 세계는 어떤 곳이며, 그것이 당신에게 어떤 감정을 불러일으키나요? - 가방에 담을 물건들은 무엇이며, 그 물건들이 당신에게 어떤 의미가 있나요? - 가장 중요하게 가져가야 할 물건의 우선순위를 정한다면, 그 이유는 무엇인가요? - 가방에 담긴 물건들이 당신의 문제 해결 능력이나 대처 방식에 어떤 영향을 미치나요? - 미지의 세계로 떠나는 과정에서 가장 두려움을 느끼게 하는 요소는 무엇인가요? - 미래에 닥칠 수 있는 새로운 도전에 대비하기 위해, 가방에 추가하고 싶은 것은 무엇인가요? - 활동을 새롭게 알게 된 것은 무엇인가요?
상담의 tip or 유의할 점	- 2차 작업 시 집단상담 활동으로 각자 여행 가방에서 중요한 소지품을 선택하여 협동화로 재구성하고 스토리텔링으로 활용할 수 있다.

<여행 가방> 사례 적용

K	B
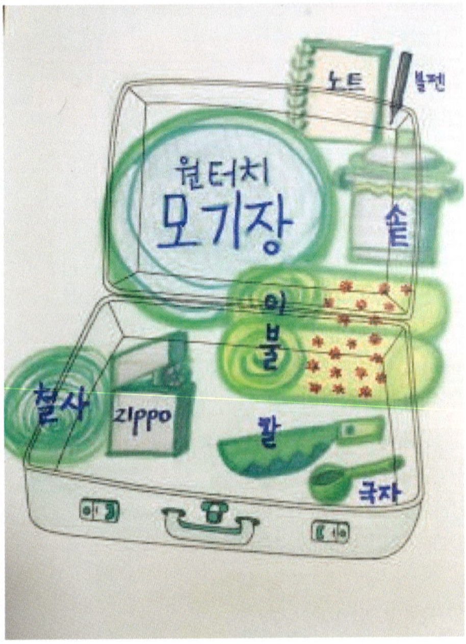	
미지의 세계를 난 무인도라고 생각하고 나를 보호해 줄 것들 즉, 의식주를 해결하는 데 실질적인 도움이 되는 것들 중심으로 여행 가방을 싸보았다. 차가운 자리에서 잠을 못 자는 나를 위해서 절대 포기 못 하는 이불은 나를 추위로부터 보호해 줄 것이다. 모기에 잘 물리는 나이기에 모기장도 제일 필요할 것 같다. 그리고 휘뚜루마뚜루 요리하기에 딱 좋은 스테인리스 솥단지와 칼이랑 국자와 불은 필수이므로 지포 라이터, 철사 등이 무인도에서는 먹고 살 때 쉽게 사용될 것 같다. 노트에는 그때그때 감정과 일상을 적어야 할 것 같아 볼펜과 노트도 넣어 보았다. 무인도에서 살기에 적당하게 너무 현실적인 측면에서만 준비했는데, 여행 가방에 없는 것은 스스로 마련할 수 있을 것 같아 더 이상 안 넣었다. 생존에 필요한 것들로만 구성한 나의 여행 가방을 보면서 생계라는 의미가 나에게 아주 중요하게 차지하고 있구나!를 발견하게 되었다.	소중한 것에 대한 보관 상자라 생각하며 작업을 시작했다. 그동안 나의 경험들, 나의 아이디어 및 생각들, 손재주, 나름의 순수함…. 작업하다가 보니 다음 생에 가지고 가고 싶다는 생각이 들어 재물과 좋은 사람들을 추가해서 꾸미게 되었다. 건강하고 긍정적인 자원 및 바라는 것을 사실적으로 보여줄 수 있는 작업이라는 생각이 든다.

<여행 가방> 활동지

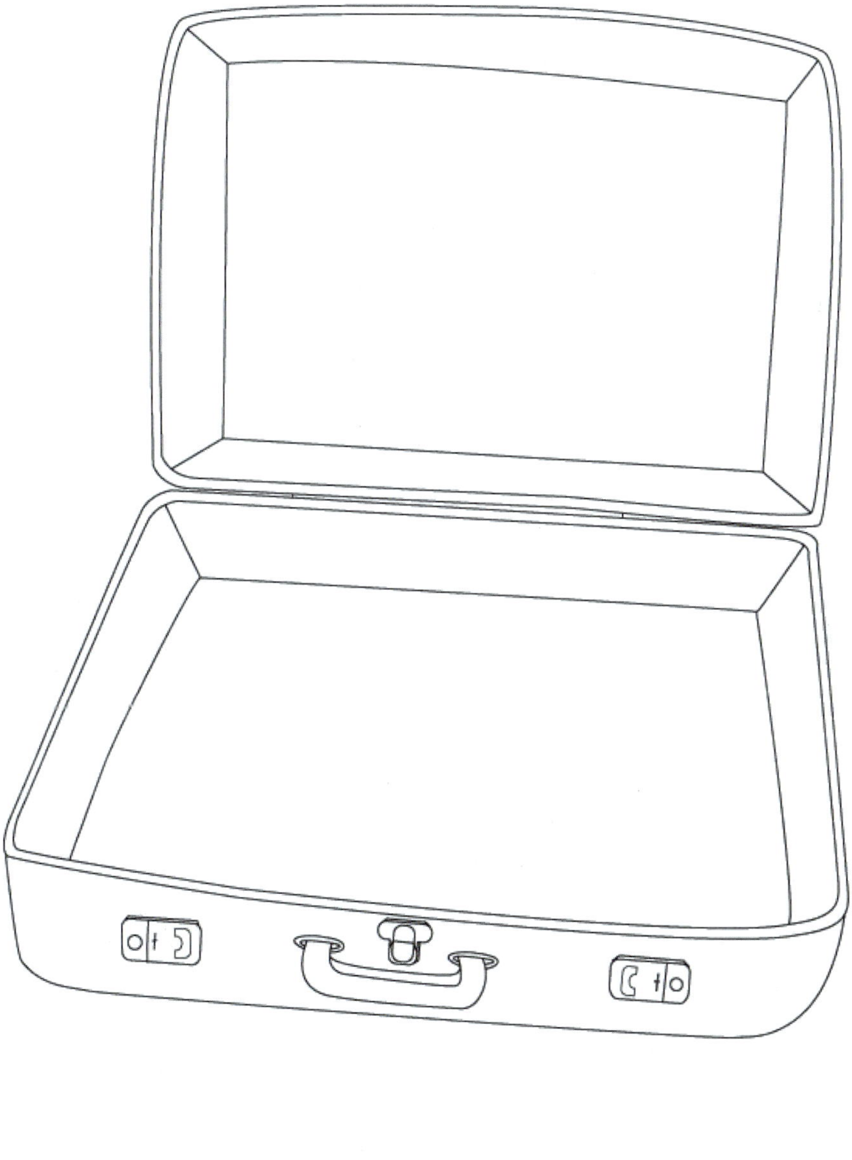

2. 관계의 색

1) 유산 항아리

<table>
<tr><td>활동 목표</td><td>가족 관계를 통해 자신을 인지하고 일상생활에 중요한 것에 대한 가치를 탐색한다.</td></tr>
<tr><td>준비물</td><td>아크릴 물감, 붓, 팔레트, 물통 (그 외 스티커 등 꾸미기 도구 가능)</td></tr>
<tr><td>진행
방법</td><td>“당신이 유산으로 받고 싶은 것, 유산으로 받고 싶지 않은 것,
실제로 유산으로 받은 것, 자손에게 유산으로 주고 싶은 것,
유산으로 주고 싶지 않은 것들은 무엇인가요?”

1. 유산 항아리를 꾸며본다.

2. 완성된 유산 항아리를 바탕으로 자신이 느끼고 있는 감정을 나눈다.
- 완성된 유산 항아리를 전체적으로 볼 때 어떤 느낌인가요?
- 당신이 유산으로 물려받고 싶은 것은 무엇인가요?
- 당신이 유산으로 물려받고 싶지 않은 것은 무엇인가요?
- 당신이 유산으로 실제로 물려받은 것은 무엇인가요?
- 자손에게 유산으로 물려주고 싶은 것은 무엇인가요?
- 자손에게 유산으로 물려주고 싶지 않은 것은 무엇인가요?
- 완성된 유산 항아리 중 당신의 삶에 가장 큰 영향을 미친 것은 무엇인가요?
- 활동을 통해 자신의 가치관이나 생각에 변화가 있었나요?</td></tr>
<tr><td>상담의 tip
or
유의할 점</td><td>양육자의 양육 방식으로 접근하여 상담을 진행해도 무방하다.</td></tr>
</table>

<유산 항아리> 사례 적용

K	B

책임감이라는 단어가 여기저기 항아리에서 나올 줄 상상도 못 했다. 성실과 끈기로 이루어 낸 나의 책임감 덕분에 이 자리에 있기도 하지만 나 스스로 짊어진 것 같지 않아서 억울하기도 한 책임감이라서 그런지 자녀에게는 물려주고 싶지는 않고 싶다. 그러나 일 처리하는 나의 모습을 볼 때마다, 아이들이나 주변 사람들에게 완벽함을 요구하는 나의 지적질을 때때로 발견하기도 한다. 스스로 조절하지 못하는 내가 짊어진 과도한 책임감으로 인해 혹시 그동안 교육생들에게 지적질을 너무 많이 해 온 것은 아닐까? 그동안 나만의 가르침 방식이라고 과대포장하면서 그들에게 완벽함을 끊임없이 요구함으로써 교육생들을 불편하게 만든 것은 아닐까? 하는 자기반성의 시간을 갖게 되었다. 아버지로부터 유산으로 물려받은 것 같은 나의 과도한 책임감을 이제는 내려놓고 싶다.	물려받은 것은 많을 것이다. 편안함, 책임감, 지지, 믿음 등 긍정적이며, 과하지만 않으면 인생 살아가는 데 중요한 것들이다. 그중에 물려받지 않고 싶은 것이 있을 것이다. 어둡고 부담스러운 것. 그 부스러기를 조각 내 항아리에 넣어 놓았다. 그리고 물려받지 않았는데 물려받고 싶은 것들이 있다. 일종의 내가 부러워할 만한 것…. 이것들은 어쩌면 나의 열등감으로 적용되거나 내가 얻고 싶어 노력하는 것들일 것이다. 내가 물려주고 싶은 것은 내가 물려받은 것 중에서 물려받고 싶지 않은 것을 뺀 모든 것과 더불어 내가 노력한 것들이다. 그들에게 이것은 꽃을 피우고 나무의 열매를 맺는 씨앗이 되었으면 한다. 물려주고 싶지 않은 것은 내가 물려받고 싶지 않았던 그것과 내 열등감들의 부스러기들이다.

<유산 항아리> 활동지

물려 받고 싶은 것

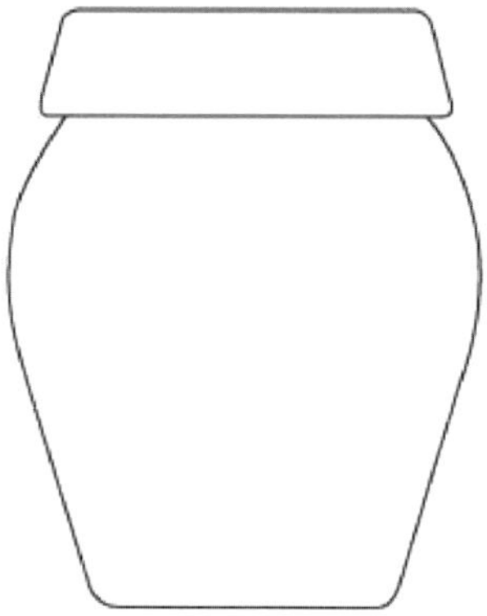

물려 받고 싶지 않은 것

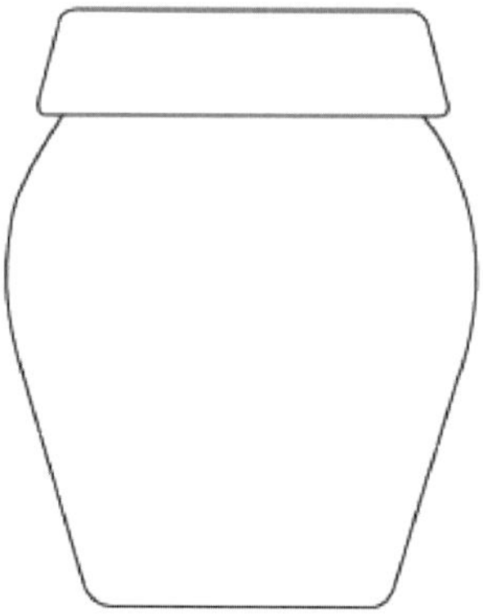

물려 받은 것

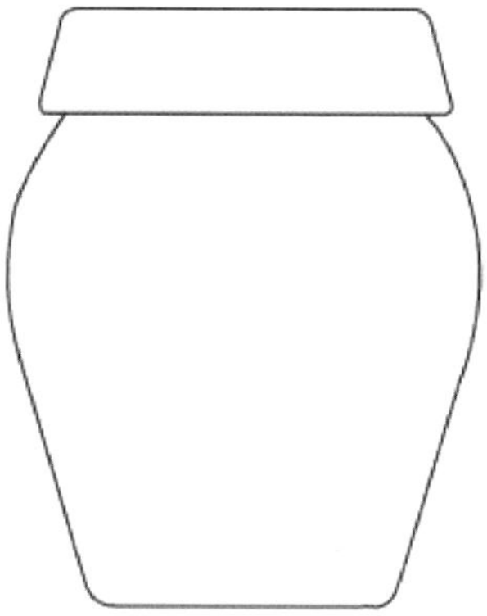

물려 주고 싶은 것

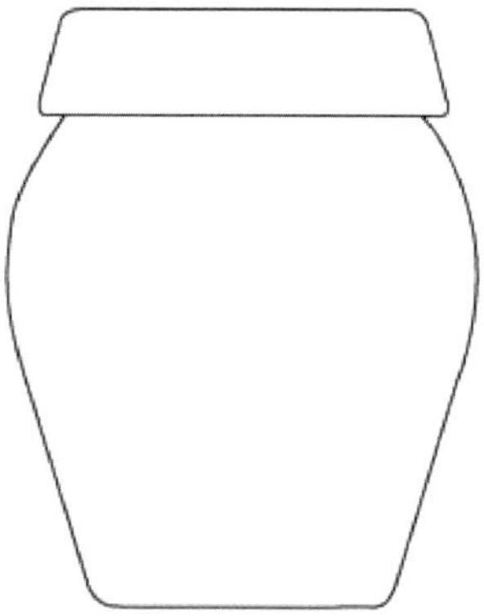

물려 주고 싶지 않은 것

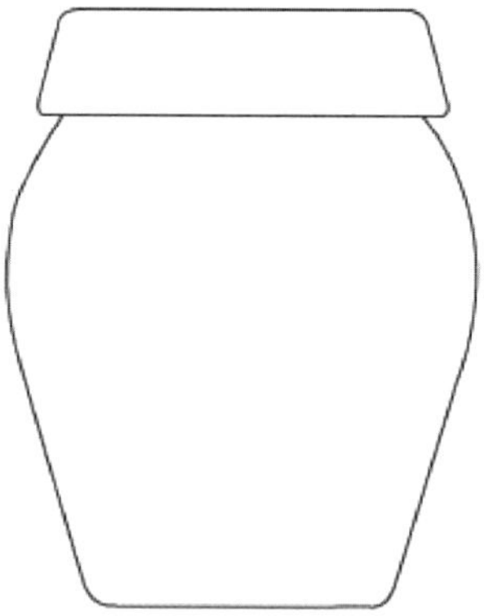

2) 관계 수레바퀴

활동 목표	나의 삶에서 주변 사람들과의 관계를 긍정적, 부정적으로 인식하고, 어떤 영향을 미치는지 이해하며, 이를 통해 자기 성장과 변화를 도모한다.
준비물	마카, 색연필, 파스텔 (그 외 스티커 등 꾸미기 도구 가능)
진행 방법	**"인생의 수레바퀴 속에서 나에게 영향 준 사람은 누구인가요?"** 1. 내 주변 사람들을 떠올려 보고, 그들이 나에게 미치는 영향을 생각해 본다. 2. 수레바퀴의 테두리에 영향을 준 인물들을 배치하고, 그들이 주는 긍정적, 부정적 영향을 구분하여 색상과 형태로 표현한다. 3. 각 인물에게 느끼는 감정과 그들이 나에게 미친 영향을 상징화한다. 4. 완성된 수레바퀴를 살펴보며 자신이 느낀 감정을 공유한다. – 수레바퀴에서 가장 긍정적인 영향을 주는 사람은 누구인가요? – 수레바퀴에서 가장 부정적인 영향을 주는 사람은 누구인가요? – 현재 나에게 가장 큰 영향을 주고 있는 사람은 누구인가요? – 관계 속의 영향이 내 현재 삶에 어떻게 적용되고 있나요? – 현재 나에게 긍정적인 영향을 주는 사람들은 어떤 공통점을 가지고 있나요? – 부정적인 관계에서 얻을 수 있는 배움이나 교훈이 있을까요? – 수레바퀴를 통해 나에 대해 새롭게 알게 된 점이 있나요? – 만약 관계에서 변화를 주고 싶다면, 어떤 행동을 실천할 수 있을까요?
상담의 tip or 유의할 점	– 주변 사람과의 관계 탐색 시간을 충분히 가질 필요가 있다. – 작업 시간보다 작품을 살피고 이야기하며 스스로 정리하는 시간이 길어질 수 있다.

<관계 수레바퀴> 사례 적용

K	B
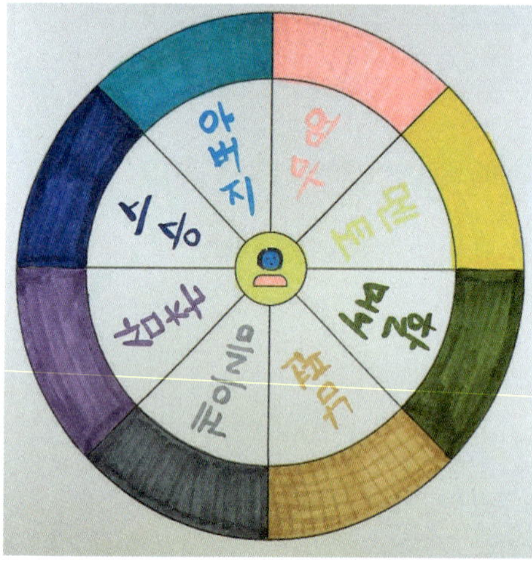	
그냥 이것저것 두서없이 그렸는데 완성하고 보니, 가운데 원에 있는 사람 모양을 기준 삼아 그림을 오른쪽으로 제대로 돌려서 보면 긍정적인 영향을 준 분들은 위로, 부정적인 영향을 준 사람들은 아래로 배치가 되어 있음을 발견하게 되었다. 의도한 바는 아니지만, 심리적으로 나를 편하게 하거나 존경하는 분은 위로, 나에게 악영향을 끼치고 있는 사람이라고 생각하거나, 나를 힘들게 하는 사람을 아래로 같이 붙여서 배치한 결과물인 듯싶다. 미술 심리상담 작업을 할 때 나도 몰랐던 나에게 보내지고 있었던 나의 무의식 표현을 발견할 때마다 놀라움에 소름이 돋기도 한다.	나에게 가장 중요한 인물들을 생각해 보았다. 가족들이었다. 가족들을 한 사람, 한 사람 생각하면 긍정적인 부분이 더 많지만, 사실 부정적인 면도 함께 가지고 있다. 고마움, 애정, 기쁨 등의 경험과 감정들이 나의 성격, 버티고 견디는 힘, 원동력, 책임감 등을 길러주는 역할을 하기도 하지만, 때론 타이밍의 문제, 가치관의 다름, 서로 다른 기대로 상처를 주고 갈등을 일으켜 나를 우울하고 무기력하게 만든다. 또한, 나를 지지해 주고 예뻐해 주며 응원과 격려를 해주는 인물로 내가 가는 길에 힘이 되어 주는 사람들이 있는가 하면, 반대로 나를 알지 못하는 사람, 자기 이익을 우선시하는 사람, 열등감이 강한 사람들은 상처를 주고 그 상처는 나를 오기가 나게 하며 고집이 세지게 만드는 것 같다.

<관계 수레바퀴> 활동지

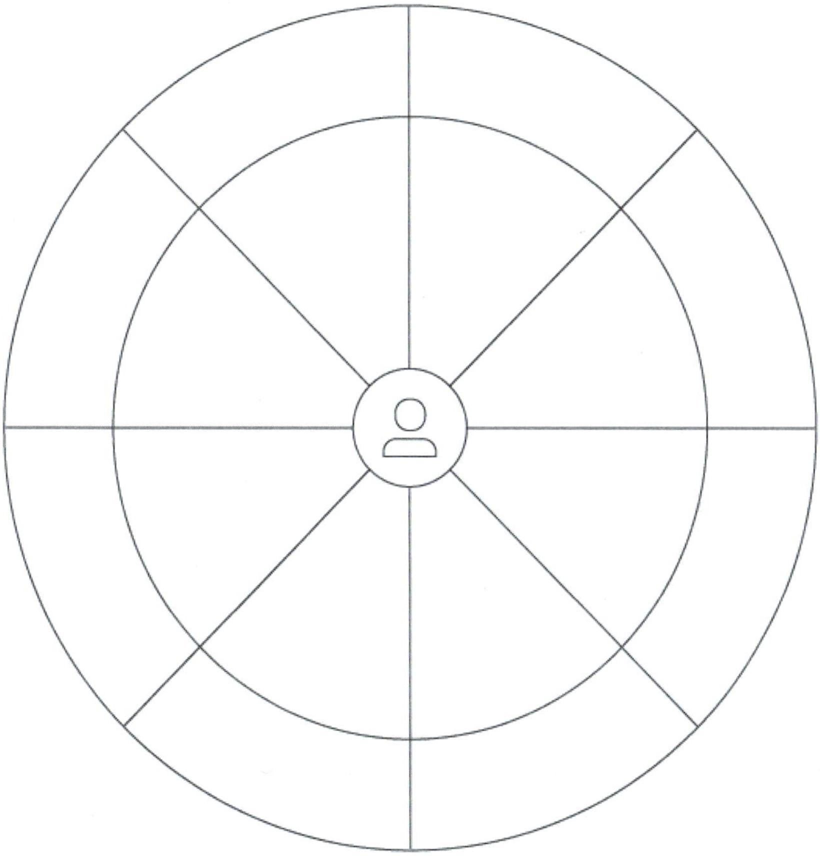

3) 서로의 손

활동 목표	주변 사람들과의 상호작용 속에서 자신의 인적 자원을 탐색하고, 그 관계 속에서 직면한 과제들을 확인한다.
준비물	글라스데코, 털실, 반짝이 풀 (그 외 스티커 등 꾸미기 도구 가능)
진행 방법	**"이 순간 당신의 손과 상대방의 손이 주는 의미는?** **(잡는 손, 놓치는 손, 도움을 주는 손, 도움을 받는 손)** 1. 자신과 주변 사람들과의 관계를 상징하는 손의 모습을 꾸미며, 이를 통해 그 관계의 본질을 시각적으로 표현한다. 2. 손 주변에 그 사람과 관련된 상징을 그려 넣는다. 3. 완성된 작품을 통해 참여자는 자신의 중요한 인적 자원을 탐색하고, 그로부터 얻은 통찰을 다른 참여자와 공유한다. - 손을 잡는다면, 내미는 손일까요, 잡는 손일까요? - 내가 필요로 하는 손은 어떤 손인가? - 서로의 손이 나에게 끼친 영향은 무엇인가요? - 이러한 손의 관계에서 내가 직면한 과제는 무엇인가요?
상담의 tip or 유의할 점	- 시트지를 가로로 할 경우와 세로로 활용할 때 해석의 차이가 다양하게 나올 수 있다. - 글라스데코나 OHP 필름을 활용하여 손의 부가적인 요소(장갑, 반지, 시계, 문신, 손톱 다듬기 등)를 추가하면 서로의 욕구와 과제의 방향성까지 살펴볼 수 있다.

<서로의 손> 사례 적용

K	B

위에 있는 손은 나의 손으로 일과 가정을 책임지는 모습을 상징한 듯하다. 즉, 가사일, 강의 일, 여러 가지 일들을 표현하였다. 그래서 아마도 일하는 고무장갑을 낀 손으로 표현된 것 같다. 아래 손은 딸의 손으로 딸의 당면 과제인 대학원 졸업, 취업, 자격증 취득, 결혼 등으로 표현하였다. 그중에 딸에게는 연애하였으면 좋겠다.라는 의미로 결혼을 생각하고 커다란 반지를 낀 웨딩 장갑으로 표현하였다. 그림을 보고 남편의 손이 아니라 딸의 손이라 당황스럽다. 실제로 딸이 가사 일이나 나의 업무를 많이 도와주고 있기에 요즘 딸을 많이 의지하고 있다. 내가 해야 할 일과 딸이 나를 도와주고 있는 일, 딸에게 내가 해줘야 할 일 등 혼재된 듯한 느낌도 들었다. 세로로 방향을 보면 내가 딸을 이끌어 줘야 하는 느낌이 들어 내가 너무 버거우니 가로 방향으로 돌려서 결혼을 포함하여 딸의 일은 스스로 책임지었으면 좋겠다.라는 바람이 생겼다.	작업할 당시 연애에 관한 이야기를 들었고, 사람마다 새끼손가락에 빨간 실이 이어져 있다고 하던 말이 떠올라 표현하였다. 손은 잡고 싶지도 놓고 싶지도 않은 활동지 속의 거리가 딱 좋은 것 같았다. 금색 실은 love라고 작성했는데 서로를 위하고 존중하는 마음을 담아보았다. 관계란 거리가 중요한 것 같다. 거리가 너무 멀어도 혹은 너무 가까워도 소중함을 잊어버리거나, 소홀해져 서운해지거나, 몰라서 혹은 다 안다고 착각해서 무례해지기 쉽다. 그렇기에 거리 조율을 잘해야 하지 않을지 하는 생각을 해본다.

<서로의 손> 활동지

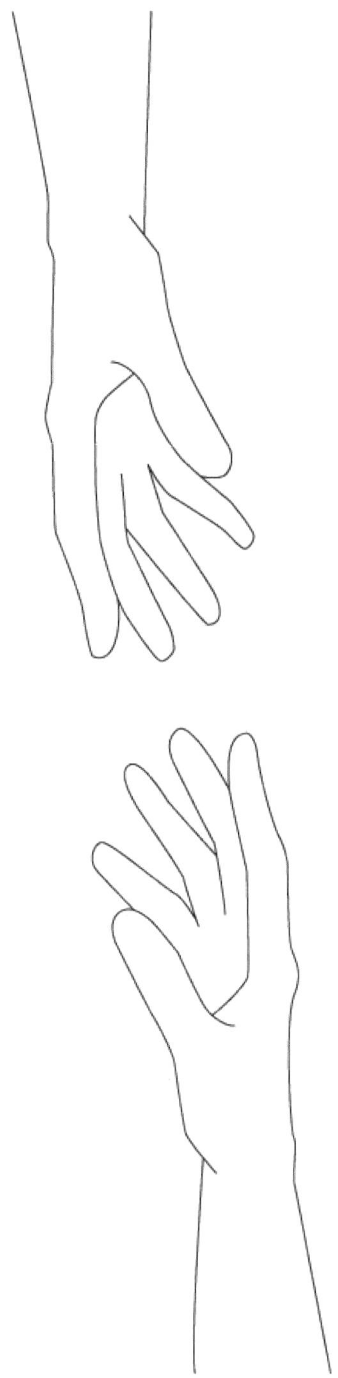

4) 꽃바구니

활동 목표	대인관계에서 상호작용과 역동성을 파악하고, 이를 통해 자신의 성향과 특성에 대해 인식할 수 있다.
준비물	종이, 아크릴 물감, 거름망, 목공용 풀, 그릇 (그 외 스티커 등 꾸미기 도구 가능)
진행 방법	**"꽃바구니를 예쁘게 꾸며주세요."** 1. 꽃바구니를 꾸미면서 자신과 주변 사람들과의 관계를 시각적으로 표현한다. 2. 완성된 꽃바구니를 보면서 느껴지는 감정과 생각을 탐색한다. - 완성된 꽃바구니를 보며 어떤 감정을 느꼈나요? - 자신을 어떤 꽃으로 표현했으며, 그 꽃이 당신을 어떻게 상징한다고 생각하나요? - 자신의 꽃은 어떻게 보이나요? (색, 봉우리 상태, 개화 정도, 꽃의 종류 등) - 꽃바구니에 포함된 꽃들은 각각 주변의 어떤 사람들을 상징하나요? - 각 꽃이 자신에게 주는 의미는 무엇인가요? - 작품의 제목은 무엇으로 정하시겠습니까? - 활동을 통해 자신에 대해 새롭게 인식한 점은 무엇인가요? - 꽃바구니 속의 꽃들이 상징하는 관계에서 어떤 상호작용이 나타나고 있으며, 그 상호작용이 당신의 정서에 어떤 영향을 주고 있나요? - 꽃바구니에 표현된 관계에서 개선이 필요하다고 느낀 부분이 있다면, 그것은 무엇이며, 어떻게 변화시키고 싶은가요?
상담의 tip or 유의할 점	- 종이 죽을 만들거나 클레이로 작업을 진행하면 심리적 긴장감을 이완시킬 수 있다. - 2차 작업으로 집단상담 시 각자의 꽃바구니에서 가장 마음에 드는 꽃을 가지고 와서 집단 꽃바구니로 재구성하면 집단원 속의 사회적 역할을 파악할 수 있다.

<꽃바구니> 사례 적용

K	B

빈 곳이었던 꽃바구니에 꽃을 한 송이씩 만들어 가면서 점점 채워지는 느낌이 들었다. 역시 꽃은 사람 마음을 기분 좋게 하는 힘이 있는 것 같다. 줄기를 그릴지 말지 고민했는데 작업할 때는 몸과 마음이 귀찮아서 쉬고 싶었는지 안 그렸다. 일주일 후에 작품을 보니 줄기를 안 그려서 꽃이 공간에 붕 떠 있는 느낌이 들었다. 그래서 안전하게 연결해 주고 싶은 마음이 생겨서 줄기를 그려주었다. 사람들 속에서 마치 공허하게 붕 떠 있는 느낌이 어떤 이유에서 들었을까? 내가 그 당시에 할 일이 너무 많았기에 버거워서 누구와도 나를 연결하고 싶지 않았던 것 같았다. 꽃을 가족들과 연상하여 이야기 나누는 중 죽은 언니가 꽃으로 표현되어 있어서 깜짝 놀랐다. 작은 꽃으로 표현한 교육생들이 나의 인생을 풍성하게 해주는 것 같아 감사함이 커졌다. [인생 꽃바구니]라는 제목을 달아주면서 가족이 차지하는 비중이 내 인생에 아주 아주 크다는 것을 인지하게 되었다.	처음엔 큰 해바라기같이 생긴 것이 나라고 생각하며 관계를 꾸몄다. 그러나 주변의 꽃들이 생겨나며 다른 꽃들 역시 내가 아닐지 생각하게 되며, 진정한 나의 꽃을 찾기 시작했다. 결국, 나는 뒤쪽의 꽃들을 받치고 있는 보라색 꽃이었다. 나의 중심으로 무언갈 시작하지만 결국 나는 뒤로 빠져서 방관자 혹은 수용자, 서포트를 하는 역할을 자처한다. 이 모든 꽃이 나였으며 관계 속 나의 행동 패턴을 볼 수 있었다.

<꽃바구니> 활동지

5) 축하 케이크

활동 목표	자기 삶에서 중요한 축하의 순간들을 재조명하고, 이러한 이벤트들이 자신과 주변 사람들에게 어떤 의미를 부여하는지 탐색한다.
준비물	마카, 폼클레이 (그 외 스티커 등 꾸미기 도구 가능)
진행 방법	**"자신이 중요하게 생각하는 순간을 축하하기 위해 누구를 초대할까요?"** 1. 자신의 인생에서 축하하고 싶은 특별한 이벤트를 선택한다. 2. 이 순간을 기념하기 위해 누구를 초대할지 결정하고, 그 이유를 생각해 본다. 3. 선택한 축하 행사를 중심으로 케이크를 시각적으로 표현한다. 4. 완성된 케이크 작품을 바탕으로, 그 순간에 느꼈던 감정과 경험을 공유한다. – 당신은 무엇을 축하하고 있나요? – 초대한 사람들은 누구인가요? 이들을 초대한 이유는 무엇인가요? – 축하 순간에서 어떤 감정을 느꼈나요? – 그 감정이 당신에게 어떤 영향을 미쳤나요? – 당신이 축하 순간을 통해 주변 사람들에게 전달하고 싶은 메시지는 무엇인가요? – 사람들에게 당신은 어떤 축하 메시지를 받고 싶나요? 그 메시지가 당신에게 어떤 의미가 있을까요? – 활동을 통해 자기 삶에 대해 어떤 새로운 통찰을 얻게 되었나요?
상담의 tip or 유의할 점	– 팡파르, 축하 영상 혹은 폭죽 영상 등으로 청각적, 시각적 자극을 통해 연상 작업이 쉬워질 수 있다.

<축하 케이크> 사례 적용

K	B

축하해주는 장면을 표현하라고 하니, 친언니의 갑작스러운 죽음으로 인해 아들의 돌잔치를 해주지 못해서 마음 한구석에 늘 아들에게 미안함이 있었다. 단, 1초의 망설임도 없이 아들에게 돌잔치를 해주고 싶었다. 아들에게 미안함이 더 큰 것은 돌잔치를 안 한 것뿐만 아니라 기념사진도 없이 지나갔기 때문이다. 그땐 진짜 경황이 없었고 상황도 너무 안 좋았다. 그러나 아들이 다행히 너무 잘 자라줘서 고맙고, 감사하다. 그래서 그때 못 해준 커다란 생일 케이크 앞에 돌잔치 기념사진을 찍어주고 싶다. 1살짜리 우리 아들을 데리고 와 "아들!! 엄마 아들로 태어나줘서 진심으로 고맙다."라는 말을 함께 해주면서 사진을 많이 찍어주고 싶다. 그리고 지금은 "똑똑하고 멋지게 아들 잘 키워서 부럽다."라는 말을 자주 들을 수 있어서 행복하다.	나 자신을 위해 축하하는 장면이다. 다른 사람들을 위한 축하는 많이 해보았지만, 자신을 위해 축하한 적은 드문 것 같다. 축하할 일이 있는 순간에도 그 당시의 주변 상황과 환경을 고려하는 경우가 많았으며, 스스로 기준이 높아 사람들이 칭찬과 축하 속에도 인정하지 않았던 것 같다. 다른 사람들에게가 아닌 온전히 나 자신을 위해 축하하고 싶었다. 그동안 잘해왔고, 지금도 잘하고 있고, 앞으로도 잘할 것이라고….

<축하 케이크> 활동지

6) 손 합장

활동 목표	자신이 타인에게 주는 에너지와 타인에게서 받는 에너지를 명확히 인식하고, 자신의 역할과 영향력을 이해한다.
준비물	마카, 아이클레이, 목공용 풀 (그 외 스티커 등 꾸미기 도구 가능)
진행 방법	**"타인에게 주는 에너지와 타인에게서 받는 에너지는 무엇인가요?"** 1. 손 합장의 의미를 설명하면서, 참가자들이 실제로 손 합장을 하도록 안내한다. • 두 손바닥을 마주 합친다는 것은 한결같은 마음으로 상대방을 공경하고, 흩어진 마음을 하나로 모은다는 뜻이 있다. • 사람이 가진 신성을 초월해 진실한 마음을 상대에게 전달하는 상징적인 의미를 이해하도록 돕는다. 2. 손 합장을 통해 타인과의 관계 속에서 주고받는 에너지를 경험한다. 3. 자신이 타인에게 주는 에너지와 타인에게서 받는 에너지를 작품으로 표현한다. 이때, 색상과 형태를 활용하여 에너지를 시각적으로 표현할 수 있다. 4. 완성한 작품을 공유하며 작품을 통해 느낀 점을 이야기 나눈다. – 작품의 전체적인 느낌은 어떤가요? – 작품에서 내가 주는 에너지는 어떻게 느껴지나요? 어떤 색상이나 형태로 표현되었나요? – 자신이 주는 에너지가 타인에게 어떤 영향을 미친다고 생각하나요? – 작품에서 타인에게 받는 에너지는 어떤 느낌인가요? 그것이 나에게 어떤 영향을 미치고 있나요? – 자신의 에너지 속에서 변화하고 싶은 부분이 무엇인가요? – 타인과의 관계에서 개선하거나 강화하고 싶은 부분이 있나요?
상담의 tip or 유의할 점	– 부부 상담에서 활용하면 서로의 에너지에 대해 집중적으로 살펴볼 수 있다.

<손 합장> 사례 적용

K	B

내가 합장을 한다면 당연히 남편의 손이겠다.라는 마음으로 클레이를 선택하여 작업을 시작하였다. 조물조물하면서 한 겹 한 겹 쌓아가면서 입체감을 넣다 보니 내가 생각하는 것보다 남편에게 많이 의지하고 있는 나의 모습을 발견했다. 늘 남편이 나에게 해주고 있는 것이 부족하다고 생각만 하고 늘 불만이 가득했는데 남편이 내 옆에 있기만 해도 나에게 많은 안정감을 주고 있었구나!라는 소중한 깨달음을 주었다. 같이 합장하는 모습만으로도 같이 바라보고 있는 듯한 시선을 느꼈다. 가족을 유지하려고 서로 애쓰고 있는 합장하는 손으로 보인 듯해 울컥하는 마음에 뭉클해졌다. 이런 나의 경험을 비추어보면 특히, 부부 치료에서 사용하면 좋을 것 같다.	손 합장을 하면 의지와 바람을 바라는 동시에 믿음과 신뢰의 마음이 느껴진다. 내가 사람들에게 주는 에너지는 하늘색인 것 같다. 사람들을 받쳐주고 영양분을 주어 상대방에게 꽃을 피우도록 돕는 연결의 작업을 한다. 내가 사람들에게 받는 에너지는 노란색인 듯하다. 차가워 보이는 나의 손을 노란 손이 따뜻하게 감싸주며, 나에게 힘을 불어주는 것 같은 기분도 든다…. 그렇게 서로가 서로에게 영향을 주며 서로 의지하고 신뢰하는 관계가 진정한 사람과의 관계가 아닐까 생각된다.

<손 합장> 활동지

3. 마음의 색

1) 감정 풍선

활동 목표	현재의 정서 상태를 시각적으로 표현하고 깊이 있게 탐색한다.
준비물	마카, 파스텔, 반짝이 풀, 목공용 풀 (그 외 스티커 등 꾸미기 도구 가능)
진행 방법	**"일상생활 속에서 당신의 감정은 어떤 색인가요?"** 1. 일상생활에서 느낀 감정을 파악하고, 이를 색상과 상징으로 표현하여 각각의 풍선에 표현해 본다. 2. 감정 풍선의 통합적인 느낌을 풍선을 잡은 사람에게 색으로 표현해 본다. 3. 완성된 작품을 살펴보고, 그 안에서 자신이 느끼고 있는 감정을 공유한다. - 풍선에 나타낸 나의 감정들은 무슨 색이며, 어떤 의미인가요? - 감정 풍선 중에서 지금 당신의 핵심 감정은 무엇인가요? - 당신의 감정들이 일상생활이나 결정에 어떤 영향을 미쳤나요? - 부정적인 감정을 경험할 때, 그 감정을 관리하거나 대응하기 위해 사용한 전략은 무엇인가요? - 풍선을 잡은 사람의 색을 보고 어떻게 느껴지나요? - 활동을 통해 자신의 감정에 대해 새롭게 배운 점은 무엇인가요?
상담의 tip or 유의할 점	- 최근의 감정의 크기를 풍선의 크기에 적용하여 표현하면 더 구체적인 감정 상태를 살필 수 있다.

<감정 풍선> 사례 적용

K	B

나의 감정에 대해 찬찬히 들여다보는 시간이었다. 늘 최선을 다하여 돋보이고자 노력하는 모습을 표현한 빨간색 풍선, 하나하나 준비하여 결국에는 스스로 빛을 발하는 학구열의 노란색 풍선, 신뢰를 얻기 위해서 늘 배우고 익히는 것이 나에게는 너무 소중한 파란색 풍선, 안쓰럽게도 늘 타인에게 사랑과 인정을 갈구하는 분홍색 풍선, 뭘 배우거나 다 함께 공동의 선을 위해 무언가 해나가는 나의 사회적 관계망을 표현한 연두색 풍선, 나의 약점들과 항상 투쟁하면서 살아가는 나의 삶을 전쟁처럼 치열하다고 표현한 보라색 풍선, 늘 재미있는 놀이와 역할, 분위기를 형성해 나가는 것이 나의 역할이라고 생각하는 주황색 풍선…. 이런 다양한 감정 풍선을 쥐고 있는 실들을 단단히 묶어서 리본으로 장식을 한 것을 보고 하나라도 놓고 싶지 않다.라는 강한 나의 의지를 보았다. 사람은 무지개색으로 다양한 감정의 색으로 통합하여 온전한 나를 표현한 듯하다.	나의 감정과 상태를 생각하며 풍선을 꾸며보았다. 다채로운 색이 나올 거라는 예상과 달리 비슷한 색상계열의 풍선으로 꾸며졌다. 가장 눈에 띄는 풍선은 맨 위에 있는'무기력' 풍선이다. 현재 안정감에 익숙해져 무기력해진 나의 모습을 보는 것 같았다. 중심에 '욕구' 풍선이 있는 것을 보았을 때 하고자 하는 것도 있고 나의 가능성도 알고 있지만, 불안이 높고 현재가 안정적이다 보니 머무르려고만 해서 씁쓸해하고 있는 듯하다. 사람의 밑부분이 파란색의 짙은 색을 가지고 있어 움직임이 정체되어 있고 무거워 보이지만, 무언가를 하는 것에 있어 에너지를 올리고 있는 것처럼 보이기도 한다.

<감정 풍선> 활동지

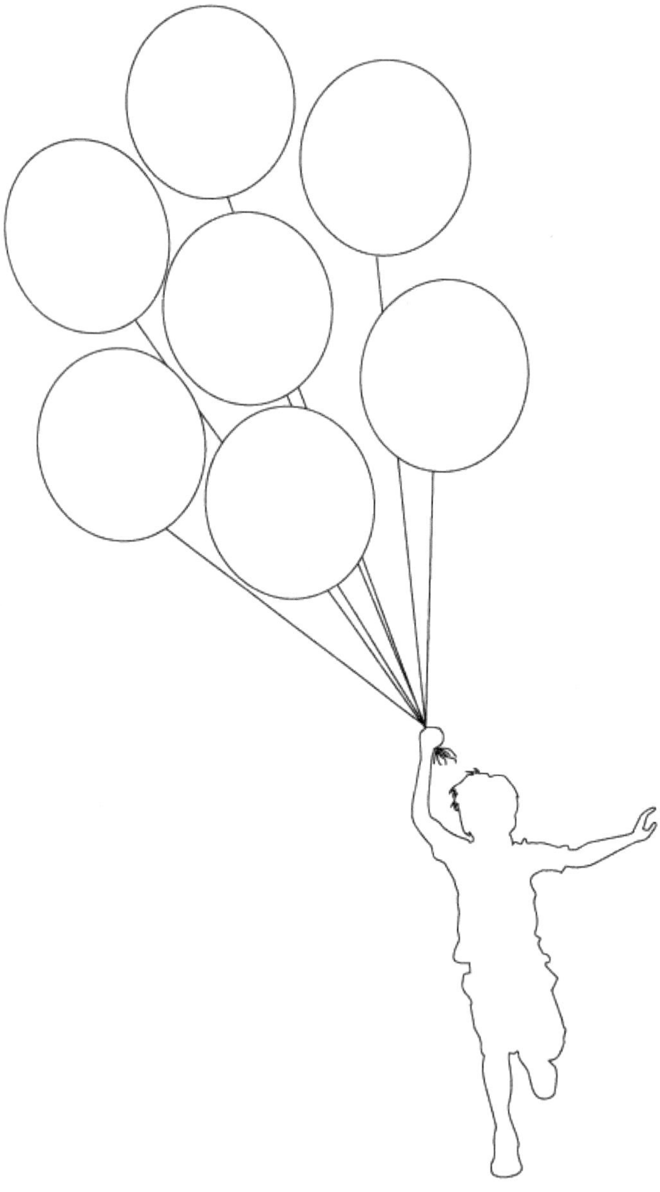

2) 스트레스 과녁판

활동 목표	스트레스 요인과 그 영향을 시각적으로 객관화하여 인식하고, 감정 발산을 통해 스트레스를 효과적으로 해소할 수 있다.
준비물	사인펜, 클레이, 목공용 풀, 가위 (그 외 스티커 등 꾸미기 도구 가능)
진행 방법	"나의 스트레스는 무엇인가요?" 1. 준비된 시트지에 있는 작은 원형 모양에, 일상생활에서 느껴지는 스트레스 요인과 그에 따른 구체적인 이유를 적어본다. (예: 스트레스 요인 = 자녀 / "왜 말을 안 듣니?", 게임 좀 그만해! "등) 2. 스트레스 요인을 적은 원을 가위로 오려낸 후, 그 원을 스트레스 요인이 자신에게 주는 심리적 부담에 따라 과녁판에 배치한다. 3. 스트레스 정도에 맞는 색상의 클레이를 선택하여, 각 스트레스 요인당 하나의 클레이 덩어리를 만들어 스트레스 강도에 따라 쌓아 올린다. 4. 스트레스 원인을 소리치며 주먹으로 내리쳐서 감정 이완을 돕고 내적 공격에너지를 발산하도록 한다. 5. 스트레스 해소를 위해 주로 사용하는 방법에 대해 서로 이야기 나누고, 스트레스 조절 및 관리 방법을 탐색한다. - 현재 가장 큰 스트레스 요인은 무엇이며, 그 이유는 무엇인가요? - 스트레스 요인에 대해 클레이를 쌓아 올리면서 느낀 감정은 무엇인가요? - 클레이를 내리치며 스트레스를 발산한 후의 감정 상태는 어떤가요? 감정을 발산하는 과정이 스트레스 해소에 어떤 도움을 주었나요? - 평소에 스트레스를 해소하기 위해 주로 어떤 방법을 사용하나요? - 이번 활동을 통해 새롭게 알게 된 스트레스 관리 방법이 있다면 무엇인가요? - 스트레스를 더욱 효과적으로 관리하기 위해 어떤 변화를 시도하고 싶은가요? - 스트레스를 줄이기 위해 주변의 도움을 받는 방법은 무엇인가요?
상담의 tip or 유의할 점	- 분노 치유 프로그램 시 장소의 제약이 있을 때 활용에 쉽다.

<스트레스 과녁판> 사례 적용

K	B
	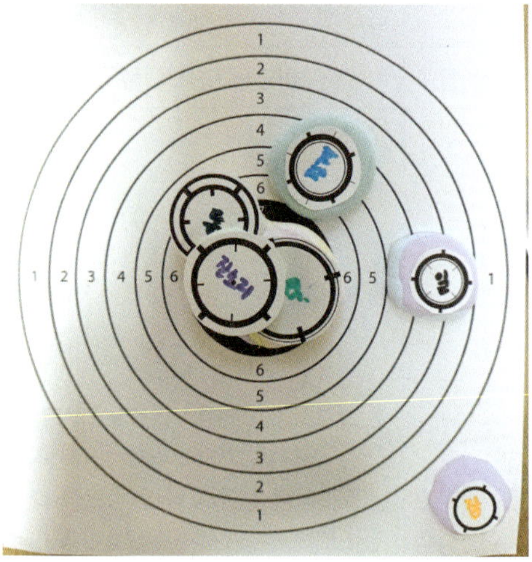
해당하는 스트레스를 연상하면서 클레이를 주물거면서 나의 스트레스를 설명한 시간을 통해 나의 스트레스를 명확하게 알게 되었다. 클레이를 한 겹 한 겹 쌓아가면서 스트레스를 향해서 하고 싶은 말을 소리치면서 클레이를 쾅쾅 누르기만 해도 조금씩 먹먹했던 가슴이 시원해지고 스트레스가 작아지는 느낌이 들었다. 대나무 숲의 역할이라고 할까? 일단 나의 스트레스를 적어봄으로써 나의 스트레스들을 명확하게 인지하게 된 것만으로 조금은 가벼워지는 느낌이 들었다. 나에게 취업률이 이렇게 높이 쌓일 줄은 상상도 못 했다. 취업이 되지 않으면 무엇이 그렇게 두렵길래? 사실 직업 훈련 교사로서 취업률이 높아야 지속적인 강의를 할 수 있기에 나에게는 제일 중요하다. 막연했던 나의 두려움이 명확해지니 그 두려움을 그래도 내가 조정할 수 있을 것이다. 라는 자신감이 생긴 듯하다. 특히, 여러 스트레스의 체감 정도를 높이로 확연하게 알 수 있어서 좋았다.	나의 큰 스트레스는 성격이다. 성격이 대부분 긍정적 요소가 많지만, 불안이 강해 겁이 많고, 경계가 강하며 고집이 센 부분이 스트레스다. 프리랜서이기에 불안한 경계 활동, 알지만 하기 싫어 피해 오던 것들의 잔소리…. 스트레스가 너무 일반적이고 평온해서 그다지 크게 문제 되지는 않는다. 현재 작성된 스트레스는 한편으로 나에게 주는 SOS 메시지 같기도 하고 내가 해야 할 것들 혹은 내가 필요한 것이지만 하기 싫은 것들인 것을 발견하게 되었다. 또한, 나의 핵심 감정인 '불안'을 다시 한번 확인할 수 있었다.

<스트레스 과녁판> 활동지

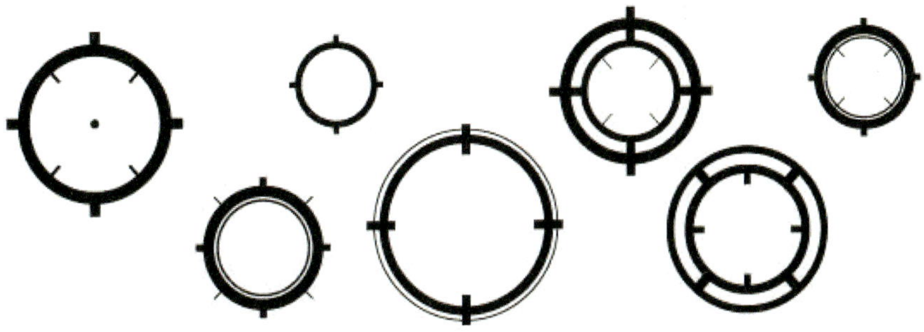

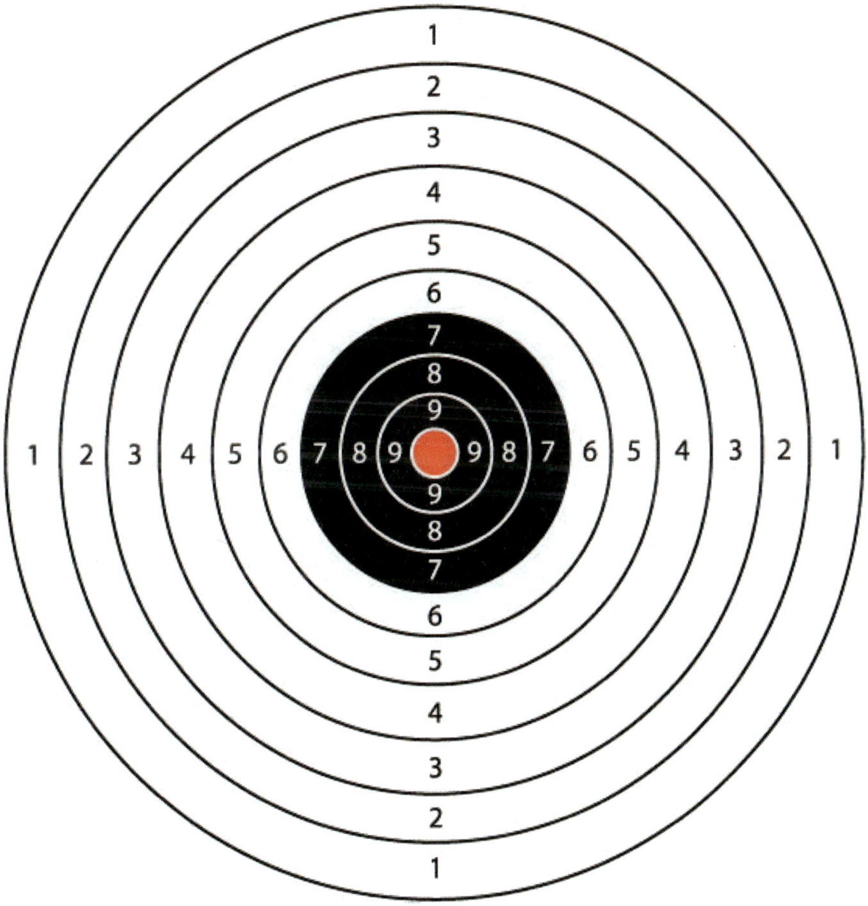

3) 내 안의 분노

활동 목표	분노의 원인과 그로 인한 신체적 반응을 파악하여, 분노를 효과적으로 관리하고 해결할 방안을 모색한다.
준비물	마카 (그 외 스티커 등 꾸미기 도구 가능)
진행 방법	**"화가 났을 때 당신은 어떤가요?"** 1. 자신이 주로 어떤 상황에서 분노가 나는지 생각해 본다. 2. 일상에서 반복적으로 분노를 느끼는 상황들을 떠올리고, 그 상황에서 자신의 감정과 반응을 깊이 있게 탐색한다. 3. 분노를 느낄 때 주로 어떤 생각과 감정이 떠오르는지 이야기한다. 4. 서로의 경험을 공유하며, 분노 속에 숨겨진 기대나 욕구를 인식하도록 돕는다. 5. 분노를 시각적으로 표현하는 작품을 만든다. 6. 완성된 작품을 보며, 자신의 분노가 어떤 모습으로 나타나는지 나눈다. - 나는 어떤 상황에서 특히 강한 분노를 느끼나요? - 분노의 감정을 시각화했을 때, 그 안에 숨겨진 감정이나 기대는 무엇인가요? - 분노를 표현한 후, 내 신체적 반응은 어떠한가요? - 분노의 원인을 파악한 후, 해결할 방법은 무엇인가요? - 이번 활동을 통해 나의 분노를 다루는 방식에 대해 새롭게 알게 된 점이 있나요?
상담의 tip or 유의할 점	- 분노 발산 프로그램 진행 후 이완 작업을 병행할 필요가 있다.

<내 안의 분노> 사례 적용

K	B

나의 분노 형태나 양을 명확하게 바라볼 수 있었다. 요즘 뭔가 안 풀리고 있었고 가슴은 답답하지만, 상황을 제대로 인지하지 못하고 있었다. 작품을 보면서 나의 내면에서는 이러한 어마어마한 내적 갈등이 폭발하고 있음을 알게 되어 놀라고 당황스러웠다. 특히, 나무 조각으로 표현된 것이 나를 화나게 하는 사람들에게 비수처럼 던지고 있는 폭언으로 보였다. 답답한 현실에서 내가 어찌할 수 없음에 흘리는 검은색의 눈물을 바라보면서 더 늦기 전에 탈출구를 마련해줘야 하겠다.라는 생각이 들었다. 힘들어하는 나에게 조심스럽지만, 가슴에 빛나는 보석을 달아줌으로써 나의 가치와 소중함을 표현해 수고 싶었다. 스스로 나에게 위로해 주고 싶었나 보다.	내 영역을 침범한다는 느낌을 받았을 때 화가 올라오는 것 같다. 처음부터 화를 내지는 않는다. 화를 내기까지 마음속에 경고장을 날리며 지켜보고 있다가 정해진 횟수에 도달하거나 정해진 선을 넘으면 화를 낸다. 그 시간까지 나는 이성적으로 머리는 차가워지나 신체적으로는 늪에 빠지는 기분을 느낀다. 화를 내는 일이 드물지만, 내가 화를 내면 전환점이 되는 일이기도 했다. 상황적으로는 긍정적이지만, 관계적으로는 매정하고 냉담해진다. 그래서 개운한 한편으로 찜찜함도 함께인 것 같다.

<내 안의 분노> 활동지

4) 치유의 반창고

활동 목표	자신의 내면 깊숙한 곳에 자리한 상처와 마주하고, 이를 시각적으로 표현하며 감정을 해소할 수 있다.
준비물	마카, 아크릴 물감, 가는 붓, 물통, 팔레트, 글라스데코(+필름) (그 외 스티커 등 꾸미기 도구 가능)
진행 방법	**"당신은 어떤 말을 들으면 상처가 치유될까요?"** 1. 눈을 감고 깊이 숨을 들이쉬며, 자신의 마음속에 자리한 상처와 아픔을 들여다본다. 자신을 힘들게 했던 상황이나 사람들을 떠올려 본다. 2. 하트 모양 활동지 안에 자신의 상처 난 마음을 시각적으로 표현해 본다. (색상, 형태, 패턴 등을 사용하여 감정과 기억을 자유롭게 그려낸다.) 3. 완성된 하트 활동지를 바라보며, 그때의 자신에게 들려주고 싶은 위로의 말이나 격려의 말을 생각해 보고, 이를 반창고에 적어본다. 4. 위로의 말이 담긴 반창고를 상처 난 하트에 오려서 붙여본다. 5. 반창고의 메시지를 복창하면서, 상처 부위를 부드럽게 쓰다듬어 준다. 6. 작업을 마친 후, 자기 경험과 느낀 점을 나눈다. – 완성된 하트를 볼 때 어떤 감정이 떠오르나요? – 하트에 표현된 상처는 어떤 것들이 있나요? – 상처들은 당신의 삶에 어떤 영향을 미쳤나요? – 상처를 표현한 후, 감정의 변화가 있다면 무엇인가요? – 자신에게 가장 필요한 말은 무엇인가요? – 위로의 메시지를 복창하고 쓰다듬으면서 어떤 변화를 경험했나요? – 활동을 통해 자신에 대해 새롭게 알게 된 점은 무엇인가요? – 앞으로 자신을 더 잘 돌보기 위해 어떤 노력을 할 수 있나요?
상담의 tip or 유의할 점	– 글라스데코를 활용하여 듣고 싶은 위로의 말이나 칭찬의 말을 한 자 한 자 천천히 적어 나만의 반창고를 만들어 낸다. 반창고를 적당히 굳게 한 후 소리 내어 직접 위로의 말을 하면서 붙여준다. – 집단상담 시 짝을 이루어서 서로가 듣고 싶은 말을 해주는 것도 효과적이다. 사람들은 옳은 말을 하는 사람보다 자신을 이해해 주는 사람을 더 좋아한다.

<치유의 반창고> 사례 적용

K	B

작업한 조각난 나의 마음을 처음에 보았을 때 도저히 치유할 수 없을 것같이 보여서 가슴이 먹먹해졌다. 결혼생활 내내 회피만 하는 남편에게 듣고 싶은 [내가 다 책임질게!]라는 단어를 적을 때 제일 울컥했다. 남편 대신에 혼자 짊어진 가장이라는 과도한 책임감에 나는 그동안 매우 버거웠나 보다. 남편이 나의 책임감을 나눠 가졌으면 좋겠다. 이번 작품에서 무엇보다도 내가 듣고 싶은 말을 명확하게 알 수 있어서 좋았다. 답답하고 억울한 마음이 너무 커서 오히려 아무것도 볼 수 없었던 나의 마음을 알 수 있었다. 그랬더니 무언가 명쾌해진 느낌이 들었다. 내가 듣고 싶은 말을 알아차렸을 뿐인데, 나의 마음 한구석에서 희망이라는 빛이 생기고 실천할 의지가 조금은 생긴 듯한 심리 변화를 느꼈다. 드라마에서 남자주인공의 대사 중 "내가 다 책임질게."라는 말에 유달리 울컥했던 이유를 비로소 알게 되었다.	나의 상처는 남이 준 상처보다 내가 나에게 준 상처가 더 커 보인다. 점점 금이 간 상처는 가지가 뾰족한 나무처럼 자라 있다. 나 자신을 토닥이는 말들이 필요했다. 미안했다고, 괜찮다고, 잘하고 있다고…. 그럼으로써 뾰족한 가지들에 꽃이 피길 바란다. 상처들은 어쩌면 나를 단단하게 성장시키는 역할을 하고 있을지도 모르겠다.

<치유의 반창고> 활동지

5) 와장창 틀 깨기

활동 목표	내 안의 고정관념에 도전하고 이를 깨뜨림으로써, 새로운 변화를 수용하고자 하는 의지를 강화한다.
준비물	마카 (그 외 스티커 등 꾸미기 도구 가능)
진행 방법	**"내가 깨고 싶은 틀은 무엇인가요?"** 1. 자신이 가진 고정관념이나 제한적 사고의 틀로 인해 자기 행동과 사고에 어떤 영향을 미치는지 생각하고 나눈다. 2. 극복하고자 하는 자신의 틀을 부수는 작업을 시행한다. 3. 완성된 작품을 통해 파괴 과정에서 느낀 감정과 이후의 변화된 사고방식에 관해 이야기 나눈다. - 망치로 깨고 싶은 틀은 구체적으로 무엇인가요? - 이러한 고정관념은 어떻게 형성되었나요? - 고정관념이 당신의 일상적 결정과 대인관계에 어떤 영향을 주고 있나요? - 틀을 깨뜨린 후 느낀 감정과 생각은 어떠한가요? - 틀을 깨기 위해 극복해야 할 주요 장애물은 무엇인가요? - 틀을 깨고 나서 무엇이 변화되었나요? - 사고방식을 변경하려면 어떤 노력이 필요할까요? - 변화를 지원할 수 있는 개인적 또는 외부 자원은 무엇이 있을까요? - 고정관념을 깨뜨린 후 당신은 어떤 변화를 기대하나요? - 이러한 변화가 당신의 삶에 어떤 영향을 미쳤나요?
상담의 tip or 유의할 점	- 부정적인 틀의 수거 작업의 재료 마킹테이프 사용하면 카타르시스를 느낄 수 있다.

<와장창 틀 깨기> 사례 적용

K	B

내가 망치로 깨부수고 싶은 것은 뒤로 더는 물러설 수 없는 답답한 현실이었다. 쫙 하고 갈라진 파편들과 여기저기 그어진 금을 보면서 많이도 쪼개면서 살았구나! 내 안에 처리해야 할 일이 이렇게도 많았나 보다! 억지로 끌고 갈 수밖에 없는 상황에서 해야 할 과제가 이렇게 많았구나!라는 것들을 알 수 있었다. 작업을 통해서 내가 깨어버리고 싶은 것에 대해 생각할 수 있었던 것 자체가 소중하게 다가왔다. 줄탁동시처럼 본연의 나 자신도 알 안에서 깨부수고 있어야 하고, 누군가 밖에서도 잘 관찰하고 있다가 나를 위해 알 밖에서 깨워 줄 그 누군가가 나에게는 누구일까?에 대한 새로운 고민이 생겼다. 아마도 그것은 노란 망치로 상징되어 배움에서 오는 통찰력인 것 같다. 그래서 나는 끊임없이 연수라는 이름으로 배움을 통해 나를 깨워 줄 스승을 찾아다니고 있었던 것 같다. 강사로서 교육생들에게는 깨달음의 세계로 인도하는 진정한 스승의 임무를 수행하고 싶은 마음이다.	나는 경계의 벽을 가지고 있다. 그리고 미술 심리를 시작한 이후 이 벽을 계속 깨고 붙이기를 여러 차례 해오고 있다. 이 작업을 할 때도 마킹테이프를 붙이고 떼어 틀을 깨는 작업을 했다. 마킹테이프를 뗄 때는 매우 시원한 느낌이었으나 틀을 깬 후 다시 불안해서 반짝이 풀을 사용해서 틈을 다시 붙여 놓은 것 같다. 깬 다음 다시 붙였기에 크게 변화는 일어나지 않는다. 단지 시간이 지나고 이제야 돌아보니 미술 심리를 시작했을 땐 벽돌로 만들었던 벽이 어느 순간, 유리 벽으로 변해 있었고, 다시 시간이 흐른 후 보니 문이 달려 있다. 그리고 현재는 필요에 따라 문밖으로 나갔다 오기도 한다. 아마 경계의 벽은 평생이 가도 깨지지 않을 수 있다. 그러나 몇 번 더 깨고 붙이기를 반복하다 보면 유리 벽이 얇아지거나 문 안으로 초대하는 사람도 생기지 않을까? 하는 생각이 들었다.

<와장창 틀 깨기> 활동지

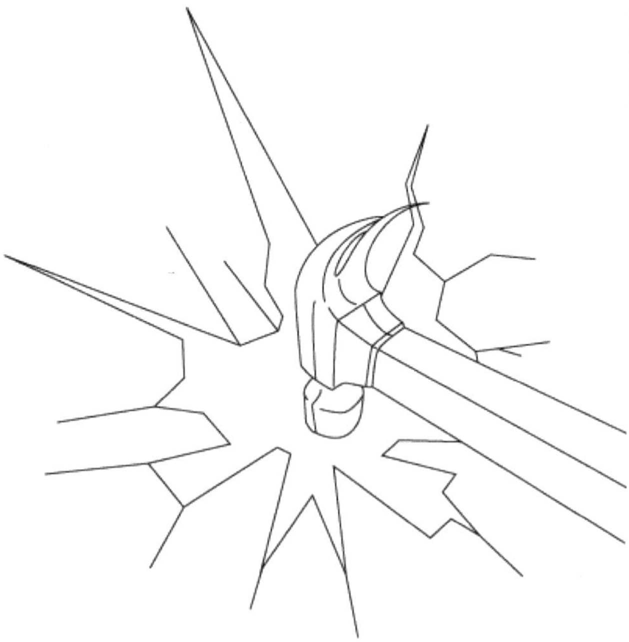

6) 나비의 날갯짓 (부정적인 생각 날리기)

활동 목표	부정적인 사고방식을 탐색하고 그것을 시각적으로 표현 및 변환함으로써, 자아의 본질적 통합성을 회복한다.
준비물	마카, 글라스데코, 목공용 풀 (그 외 스티커 등 꾸미기 도구 가능)
진행 방법	**"머릿속에 있는 부정적인 생각을, 나비를 통해 표현해 보세요."** 1. OHP 필름을 시트지 위에 테이프로 고정한다. 2. OHP 필름에 나의 머릿속에 있는 다양한 생각과 부정적 감정을 나비에 시각화시킨다. 3. OHP 필름에 시각화한 부정적인 사고에 대한 감정을 구슬에 적용하여 꾸민다. 4. OHP 필름에 표현한 부정적 의미의 나비를 날려 보낸다고 생각하며 실제 시트지의 나비에 긍정적인 의미를 표현한다. 5. 시트지에 긍정적인 의미의 나비에 대한 감정을 구슬에 적용하여 꾸민다. 6. OHP 필름 작업지를 시트지와 분리한다. 7. OHP 필름 작업과 시트지 작업을 비교해서 바라봤을 때 다른 점을 이야기 나눈다. - 날려버린 나의 부정적인 생각은 어떤 것들인가요? - 부정적인 생각을 시각화하고 나서 구슬에 어떤 느낌으로 표현되었을까요? - 부정적인 감정을 '날려 보내는' 과정에서 어떤 감정을 느꼈나요? - 부정적인 생각을 방출한 이후의 감정 상태는 어떠했나요? - OHP 필름 작업에서의 느낌과 시트지 작업에서 느낀 점의 변화는 무엇인가요?
상담의 tip or 유의할 점	- 머릿속의 다양하고 복잡한 생각을 정리하는 작업으로써 시트지만으로 활용할 수 있다.

<나비의 날갯짓> 사례 적용

K	B

나에게 나비는 자유라는 의미로 다가온다. 나의 여러 생각을 의미하는 나비가 남들보다는 다양하고 좀 더 창의적이고 독창적이었으면 좋겠다. 그래서 다양한 재질의 재료를 사용해 보려고 노력해 보았다. 똑같으면 안 되는 이유는 무엇일까? 아마도 나의 특권 의식이 발휘되었는가? 나에게는 똑같으면 재미없는 것이 더 큰 의미로 다가왔다. 나는 다양한 경험을 통해 이치를 깨닫고 변화 속에서 기쁨과 만족을 느끼는 사람이기 때문에, 나비 한 마리를 또 다른 나의 경험치로 여기기에 반드시 달라야 했다. 무언가 끊임없이 통찰을 갈구하는 나! 깨달음을 갈구하는 나! 변화 발전하지 않으면 도대체 무엇이 그토록 두려운 것인가? 고민 끝에 아버지가 말년에 새로운 시대의 흐름을 타지 못해 낙오자의 모습으로 불행한 노후를 보냈다고 생각해서 나는 저렇게 하지 말아야지 하는 조바심이 올라온 것 같다. 아버지의 삶이 나에게 많은 것에서 영향을 미치고 있었구나!를 깨닫는 순간이었다.	잡생각, 게으름, 근심, 미련, 후회, 잠, 병, 무기력…. 내게서 떨쳐버리고 싶은 것들을 OHP 필름에 네임펜으로 적고 글라스데코로 꾸며보았다. 그것들이 날아가면 가장 순수한 모습이 남지 않을까? 하여 필름지 밑 시트지에 그 모습들을 표현해 보았다. 가장 많이 내게 짓눌리는 것들이 의도치 않게 글라스데코 양이 많이 나와졌다. 가장 순수한 모습, 맑고 청량한 모습을 유지할 수 있길 바라며 구슬 안에 투명한 유리구슬 형태로 나타난 것 같다.

<나비의 날갯짓> 활동지

4. 변화의 색

1) 계단

<table>
<tr><td>활동 목표</td><td>자기 자신을 돌아보고 현재 자신을 인식하며 욕구를 탐색한다.
현재의 욕구를 기반한 미래에 대한 자기 비전을 구체화한다.
계단이라는 상징을 통해 자기 삶의 방향성을 재확인하고, 목표에 도달하기 위한 동기 부여를 강화한다.</td></tr>
<tr><td>준비물</td><td>마카, 냅킨, 스칸디아모스, 파스텔, 목공용 풀 (그 외 스티커 등 꾸미기 도구 가능)</td></tr>
<tr><td>진행 방법</td><td>"당신은 어디에서 어디로 오르거나 내리고 싶은가요?"

1. 계단을 중심으로 주변 환경을 꾸민다. 계단의 형태와 주변의 장식, 색상, 분위기를 통해 현재의 감정과 욕구를 표현한다.

2. 완성된 작품을 살펴보며, 자신이 느끼고 있는 감정과 현재의 상태, 그리고 미래의 욕구와 비전을 이야기 나눈다.
- 계단이 당신의 삶에서 무엇을 상징한다고 생각하나요?
- 당신은 계단의 어느 위치에 서 있는가?
- 계단 윗부분엔 어떤 느낌이나 분위기를 가지고 있나요?
- 계단 아랫부분엔 어떤 느낌이나 분위기를 가지고 있나요?
- 당신은 어느 방향으로 가고 있나요?
- 그 방향으로 가서 목적지에 도달하면 당신은 무엇을 할 것인가요?
- 원하는 방향의 목적지에 도달했을 때 당신은 어떤 감정을 느낄까요?
- 계단을 누구와 함께 어떤 목적으로 가고 있나요? 그 느낌은 어떠한가요?
- 계단을 오르게 하는 원동력은 무엇인가요?
- 그 동기가 당신의 삶에서 어떤 역할을 하고 있나요?
- 그 원동력이 더 강해지기 위해 당신이 할 수 있는 일은 무엇인가요?
- 계단이 당신의 욕구와 미래에 대한 바람을 어떻게 반영하고 있나요?
- 활동을 통해 새롭게 발견한 점이 있다면 무엇인가요?</td></tr>
<tr><td>상담의 tip
or
유의할 점</td><td>- 원하는 모습으로 되는 데 필요한 것은 무엇이며 자신이 할 수 있는 것은 어떤 것이 있는지 등에 관해 이야기를 나눈다.
- 계단을 입체적으로 보이고 싶을 때는 클레이 혹은 석고 붕대를 이용하여도 좋다. 매체가 주는 이미지의 느낌도 함께 바라보는 것이 중요하다.</td></tr>
</table>

<계단> 사례 적용

K	B

새로운 시작을 위해 계단을 걸어 올라가야 하고 네모난 문밖에 무엇이 나를 기다리고 있을까? 고민하면서 온통 꽃을 주변에 붙이면서 기분이 좋아졌다. 나의 도전과 여정을 응원해 주는 주변 사람 같기도 하여 응원의 함성이 들리기도 하는 것 같다. 때로는 나 스스로 나를 위해 꽃길만 걸으라고 뿌려 준 내게 주는 선물 같기도 하다. 아무튼, 나에게 꽃과 나비는 큰 위로가 되었다. 특히, 나비는 나에게 소중한 친구이자 동료 역할을 다하는 소중한 사람인 것 같다. 계단 가운데에 일렬로 위치한 신발과 연인 모습, 풍차, 꽃을 보면서 한 발 한 발 스스로 개척하고 있는 나의 모습과 일치함을 보았다. 풍차는 나를 도와줄 사람으로, 뽀뽀하는 연인은 내 가족이 연상되었다. 3개의 꽃봉오리가 있는 그림은 나의 인생에서 소중한 결과물인 듯싶다. 계단 중간마다 있는 꽃은 현재 교육자로서의 만족감으로 보였다. 나라는 사람은 주변의 응원과 지지가 인생을 살아가는 커다란 원동력이 되있음을 일게 되었다.	당시 작업을 할 때는 계단을 보며 올라가고 싶다기보단 내려가고 싶었다. 이미 많은 것들을 했다. 그동안 했던 일들, 내가 느낀 감정들을 파노라마같이 냅킨을 통해 표현했다. 이제 조금은 쉬고 싶었다. 그래서 계단 아래쪽을 쉼의 공간으로 꾸며보았고, 계단의 색 역시 내려갈수록 밝고 편안하게 표현되었던 것 같다. 그런데 시간이 흘러 다시 보니 내려가도 '쉴 수 있어!'라는 생각은 들지 않는다. 계단을 다시 올라가야 할 것 같은 기분이 든다. 아마 잠시 계단 아래서 에너지를 충전하고 다시 일을 시작해야 할 때인 것 같다.

<계단> 활동지

2) 12단계의 여정

활동 목표	인생을 12단계로 나누고 각 단계에서의 중요한 변화와 발전을 탐색함으로써 자기 삶의 여정을 되돌아볼 수 있다.
준비물	마카 (그 외 스티커 등 꾸미기 도구 가능)
진행 방법	**"나의 인생을 12로 구분하여 표현해 보세요?"** 1. 12는 우주의 질서와 완전한 주기를 상징한다. 그래서 인생의 계획을 살펴보는 의미로 삶에서 12를 시간의 흐름이나 단계, 중요도에 따라 구분하여 표현해 본다. 2. 완성된 작품을 바라보면서 각 단계가 가진 의미와 변화의 흐름을 분석하고 자신의 감정과 반응을 나눈다. - 12단계로 나눠진 흐름의 변화는 무엇인가요? - 1단계에서 12단계까지 작성한 주제의 의미는 무엇인가요? - 12단계를 통해 새롭게 발견한 자기 삶의 패턴은 무엇인가요? - 나에게 가장 의미 있는 단계는 언제인가요? - 각 단계에서 겪은 주요 사건이나 변화는 어떠한 영향을 미쳤나요? - 자신이 경험한 가장 큰 변화는 어느 단계에서 일어났나요? - 미래의 단계에서 기대하는 변화나 목표는 무엇인가요? - 인생의 다음 단계로 나아가는 데 필요한 준비는 무엇인가요?
상담의 tip or 유의할 점	- 원하는 방향으로 변화하고 싶은 흐름이 있다면 이차적으로 작업을 진행할 수 있다.

<12단계의 여정> 사례 적용

K	B
	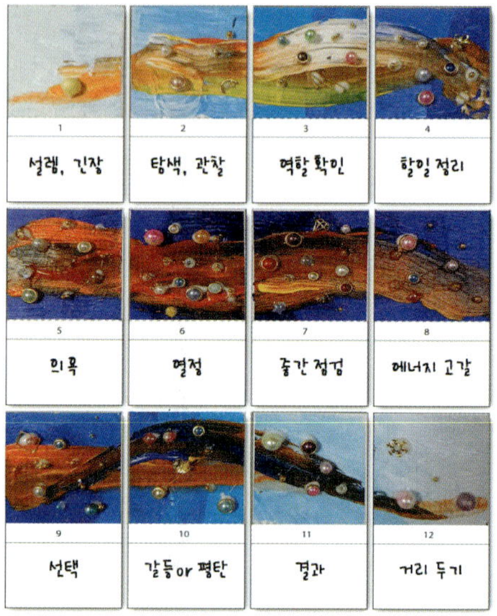
1월의 쉼표는 강의가 없기에 타의적으로 쉬고 있어야만 하는 시기이다. 2월의 여행이란 3월 이후에는 강의 때문에 여행을 가지 못하기 때문에 억지로라도 가려고 노력한다. 3월의 출발은 강의가 3월부터 개강하기 때문이다. 4월에 들어서야 비로소 시동이 걸리는 것 같은 느낌이 들고, 5월부터 통장에 강의비가 들어오기 때문에 결실이라고 했다. 6월 말에는 장마가 시작되면서 남편이 운전해 주는 차로 폭우를 뚫고 집으로 오는 차 안에서 남편에게 보호받고 있다.라는 기분에 난 행복감과 안정감을 동시에 느낀다. 7월에는 강의실이 제일 시원하고 좋다. 8월에는 강의실에서 뜨거운 열강으로 여름을 바쁘게 보낸다. 9월에는 지친 몸을 쉬기 위해 지방으로 강의를 핑계 삼아 피난을 간다. 10월에는 서서히 한 해 일정표를 마무리와 동시에 내년 일정표를 잡으면서 시간을 보낸다. 11월 중순 이후면 올해의 강의가 종료하고 12월부터는 안식년처럼 휴식기로 들어가서 아무 일도 하지 않으려 하고 겨울잠을 자는 곰처럼 동굴로 들어간다. 이 작품을 통해 나는 진짜 일 중심으로 삶을 살고 있음을 명확하게 알아차리게 되었다.	12단계라고 생각하면 1년은 12개월을 생각하였는데, 일정치 않은 프리랜서의 일정은 쉽게 떠오르지 않아 작업이 어려웠다. 그래서 일단 저질렀다. 무언가의 단계는 연결이 되어 있다고 생각해서 연결하여 작업하였고, 그냥 칠하고 싶은 색들과 재료로 꾸며보았더니 우주같이 느껴졌다. 다하고 나니 내가 어떤 일을 시작하고 끝맺을 때의 단계인 것 같았다. 이상적이고 창의적인 것을 좋아하는 것이 우주로 표현되었고, 그에 따른 흐름으로 생각하며 단계를 나눠보았다. 작성하고 보니 일을 할 때 체력이 소진되는 시점이 고비의 시작점인 것과 현실적인 것과 이상적인 것에 대한 갈등으로 결과물을 내는 데 가장 큰 이유가 된다는 것을 알게 되는 작업이었던 것 같다.

<12단계의 여정> 활동지

1	2	3	4
5	6	7	8
9	10	11	12

3) 인생 속도

활동 목표	자신의 인생을 속도와 교통표지판을 통해 시각적으로 표현함으로써, 자기 삶의 방향을 재조명한다.
준비물	마카 (그 외 스티커 등 꾸미기 도구 가능)
진행 방법	**"나의 인생길을 속도와 교통표지판으로 표현해 보세요."** 1. 도로를 자신의 인생길로 상상하고, 도로의 길이는 자신의 인생 나이를 나타내며, 시간의 속도나 흐름(원활함, 막힘 등)을 색상으로 표현한다. 2. 도로의 구간마다 중요한 시기별로 교통표지판을 그려보고, 그 시점에서의 사건, 마음가짐, 대처 방법 등을 시각적으로 표현한다. 3. 완성된 작품을 보며, 각자 통찰한 바와 향후 자신이 지나갈 길에 대해 자유롭게 나눈다. – 인생의 속도감을 통해 느껴지는 감정은 무엇인가요? – 각 구간에 표시된 교통표지판은 어떤 사건이나 상황을 나타내나요? – 그 시점에서의 마음가짐이나 대처 방법은 어땠나요? 그로 인해 어떤 변화가 있었나요? – 도로의 전체적인 흐름을 보면서 느껴지는 인생의 전반적인 주제는 무엇인가요? – 현재 위치에서 앞으로 가야 할 길에 대해 어떤 계획을 세우고 싶나요? – 활동을 통해 통찰한 점이 있다면 무엇인가요? – 미래의 당신은 어떤 표시판을 마주하게 될 것 같나요? 그때의 당신은 어떤 선택을 할 것인가요?
상담의 tip or 유의할 점	– 교통표지판 표지는 원형이나 빨간 테두리, 노란색이나 흰색 바탕이고, 알림 표시는 원형, 오각, 사각 모양으로 파란 바탕에 흰색 표지로 나타난다. 보조 표시판은 거리, 구역, 구간, 숫자 등을 나타낸다. – 교통안전 표지를 참조하여 사용하면 쉽게 활동할 수 있다. – 인생의 흐름 속에서 자신이 느끼는 사건 의미와 해결 방법을 탐색할 수 있다.

<인생 속도> 사례 적용

K	B
	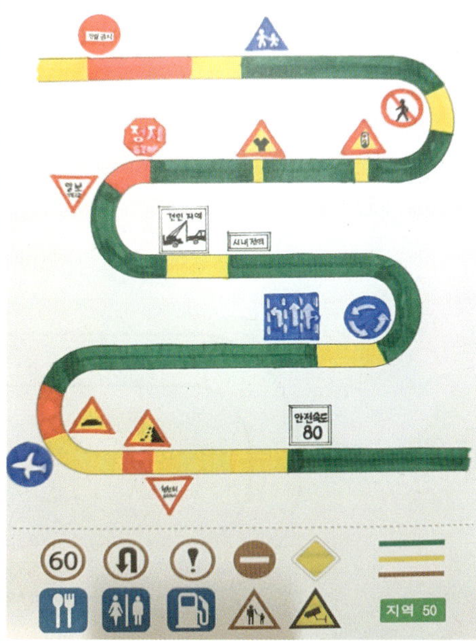
나는 인생길은 속도감보다는 표지판을 사건 중심으로 재구성하여 제작하면서 시간의 흐름을 따라가 보았다. 유기 불안의 어린 시절을 지나서 주유소라고 표현한 구간은 아마도 공부하는 학창 시절을 표현한 듯하다. 결혼하고 계속해서 맞벌이하면서 생계를 책임지면서 아이를 양육했던 구간을 표현해 보았다. 표지판에 아이와 나 혼자 그려진 것을 보니 이때 배우자의 도움을 받지 못하고 혼자 독박 육아를 했다고 느꼈던 것 같다. CCTV를 그린 구간은 무엇을 의미하고 그렸는지 생각이 안 나서 한참을 고민해 보았다. 아마도 다양한 사회복지 현장에서 배우고 관찰하고 실천하면서 살았던 시기로 탐색하는 시간으로 해석하고 표현한 것 같다. 시기적으로 힘든 가운데 빛나는 보석 같은 시간은 아마도 현재를 표현한 것 같다. 나는 60대로 넘어가면 어떻게 펼쳐질까? 아마도 현재처럼 늘 강한 책임감으로 무장한 채 스스로 배우고 가르치는 일을 하고 있을 것이다.	우선 길의 속도감을 표현해 보았다. 나의 인생에서 시간이 멈춘 것 같다고 느껴지는 순간은 빨강, 천천히 간다고 느끼는 순간은 노랑, 시간이 잘 가는 순간은 녹색으로 표현하였다. 그 속도감을 보았을 땐 꽤 평탄한 삶은 살았다고 생각된다. 속도의 변화에 맞추어 사건과 해결 방안 등을 표지판에 표현해 보았다. 문제와 해결 방안, 그에 따른 변화를 객관적이고 시각적으로 볼 수 있었다.

<인생 속도> 활동지

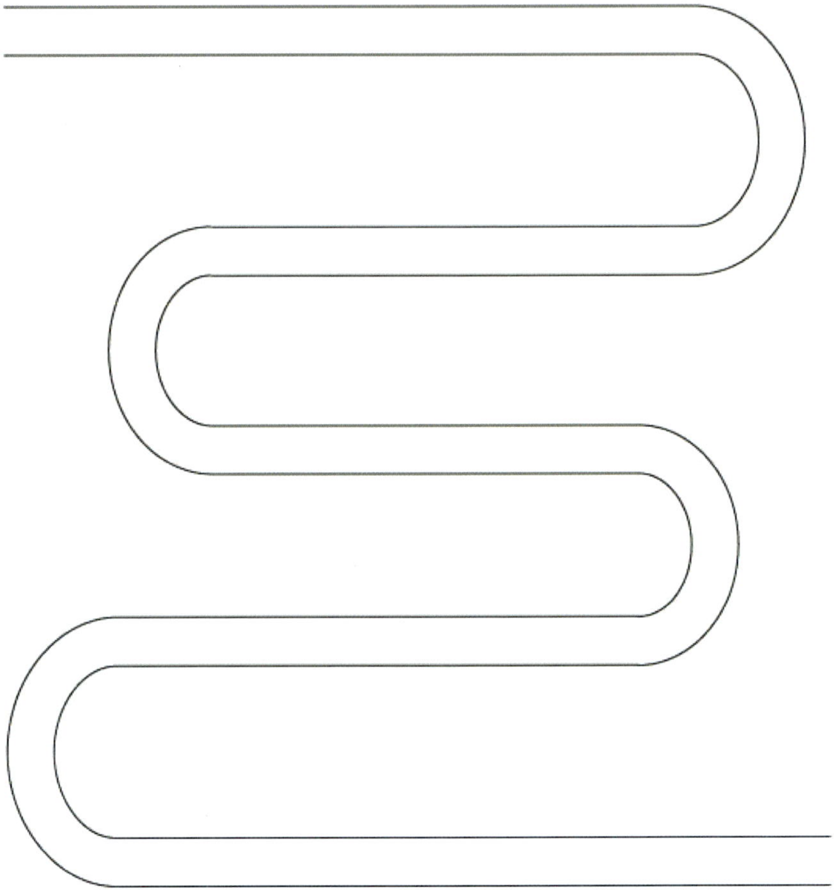

4) 과거 · 현재 · 미래

활동 목표	과거, 현재, 미래를 시각화하여 인생의 방향성을 재조명해 본다.
준비물	마카, 반짝이 풀, 가위 (그 외 스티커 등 꾸미기 도구 가능)
진행 방법	**"나의 과거, 현재, 미래를 창문에 표현해 보세요?"** 1. 왼쪽 창문은 과거를, 오른쪽 창문은 현재를, 상단 창문은 미래를 구상해 본다. 2. 창문 안의 다양한 풍경, 색채, 상징물 등을 통해 각 시기의 느낌을 표현한다. 3. 전체적인 창문의 느낌과 각 창문이 주는 감정에 대해 나누고, 상징물의 의미를 탐색한다. – 전체적인 창문의 느낌은 어떤가요? – 과거의 창문은 어떤 느낌으로 다가오나요? – 현재의 나에게 가장 중요한 것은 무엇이며, 이를 위해 무엇을 해야 할까요? – 미래의 창문에 더 구체적으로 담고 싶은 비전이나 목표가 있다면 무엇인가요? – 창문 주변에 그려진 커튼, 동물, 자연물 등은 어떤 의미가 있나요? – 상징물이 당신의 과거, 현재, 미래와 어떻게 연결되어 있나요? – 과거, 현재, 미래가 하나로 이어지는 과정에서 느껴지는 가장 중요한 메시지는 무엇인가요? – 추가로 표현하고 싶은 상징물이 있다면 무엇인가요? – 당신은 창문을 어느 공간에 바라보고 있나요? (안 or 밖) – 작업을 마친 후, 자기 삶에 대해 어떤 새로운 시각을 가지게 되었나요?
상담의 tip or 유의할 점	– 창눈늘 표현할 때 트레싱지나 덮개를 표현할 수 있다.

<과거 · 현재 · 미래> 사례 적용

K	B

과거에 대해 세세한 기억들이 별로 없는 나이기에 알 수 없는 불안을 무언가 감추고 있는 듯한 보라색 커튼에 노란색 바탕의 물음표?로 표현한 것 같다. 한껏 꾸민 듯한 분홍색 커튼은 나만의 강의실에서 충분히 교육생들과 교감하고 사랑받고 있다고 생각하는 나의 현재 상황을 나타낸 듯했다. 영롱한 보석 같은 조약돌의 의미는 아마도 다양한 나의 교육생을 표현한 것 같아 교육생들의 반응이 나에게 중요한 인생의 의미로 자리매김한 것을 알 수 있었다. 마치 교회 창문의 스테인리스 글라스처럼 고귀하고 찬란한 빛이 들어올 것 같은 나의 미래를 그리고 싶었다. 가르치는 직업인으로서 지금처럼 열심히 하다 보면 타인이 인정하는 것을 뛰어넘어, 내가 스스로 나를 인정하는 의미 있는 미래가 주어지는 은혜를 꿈꾸고 있는 나를 발견하였다.	나의 과거는 순탄하다. 무언가 구경과 탐색하기 좋아하고 나름 자유로웠다. 현재는 과거의 일들이 꽃피우고 그에 따라 자유롭게 움직이는 순간들이었다. 앞으로도 평탄하고 안정적이길 바라며 마지막 순간에 '행복했었다', '복 받은 인생이었지' 하고 말하고 싶다. 그러나 그 모습이 너무 드러내는 것은 부끄럽다. 창문을 달고 꽃의 문고리를 만들어 내가 필요한 순간 열어보려고 한다. 하지만 미래까지 문이 존재하는 것은 바라지 않는다. 나의 행복을 바라며 미래의 문은 개방해 두기로 한다.

<과거 · 현재 · 미래> 활동지

5) 발자취

활동 목표	발자취를 통해 내면의 통합과 자기 이해가 촉진되며, 삶에 대한 통찰을 깊이 있게 할 수 있다.
준비물	마카, 가위, 도화지, 아크릴 물감, 붓, 물통, 목공용 풀, 테이프 (그 외 스티커 등 꾸미기 도구 가능)
진행 방법	**"나는 어떤 길을 가고 싶은가?"** 1. 시트지 슬리퍼의 바닥을 왼쪽은 과거, 오른쪽은 미래로 나누어 표현한다. 2. 슬리퍼의 띠 부분에 과거와 미래에 대한 자신의 감정을 상징으로 꾸민다. 3. 슬리퍼 바닥과 띠를 오린 후 서로 붙여서 슬리퍼를 완성한다. 4. 도화지에 자신의 길을 표현하고 완성된 슬리퍼를 붙인다. 5. 완성된 작품을 보면서 과거와 미래를 현재의 시점으로 통합하여 이야기 나눈다. - 과거의 발자취를 보면서 어떤 감정이 떠오르나요? - 그 시절의 나는 어떤 모습이었나요? - 과거가 현재의 나에게 어떤 영향을 미치고 있나요? - 현재의 나는 그때와 어떻게 달라졌나요? - 당신은 어떤 미래를 그리고 있나요? - 미래의 발자취를 보면서 어떤 감정을 느끼나요? - 그 미래를 실현하기 위해 현재의 나는 무엇을 해야 할까요? - 완성된 길을 보면서 전체적으로 어떤 느낌이 드나요? - 당신은 지금 어디로 향하고 있나요? - 당신이 가고자 하는 길은 어떤 모습인가요?
상담의 tip or 유의할 점	- 시간이 다소 많이 걸리는 작업으로 2회분으로 나누어 표현할 수 있다. (1회기 슬리퍼 꾸미기 / 2회기 슬리퍼가 가는 길 표현) - 부부 상담 시 배우자(부부 각자 한 짝씩)와의 함께 가는 길로도 활용할 수 있다.

<발자취> 사례 적용

K	B

작업하면서 무언가 만족스럽지 않아서 두 번을 하게 되었다. 첫 번째 작품은 꽃으로 표현된 교육생들 속에서 화려한 하이힐을 신고 수업하는 장면이 연상되었다. 나의 직업에 대해 자부심과 많은 에너지를 쏟고 있음을 알게 되었다. 두 번째 작품에서는 미래지향적인 발전의 모습을 빛으로 표현하고 싶어서 사선으로 나타내 보았는데 결과물에서는 너무 공격적이고 치열한 나의 삶을 보는 것 같았다. 순간 항상 분주한 나의 모습을 보는 것 같아 당황스러웠고, 그 모습이 부담스럽게 다가왔다. 자세히 보니 슬리퍼의 문양이 선인장으로 전부 꾸며져 무언가 불편한 감정을 지닌 나를 발견할 수 있었다. 그러고 보니 나는 지시문에 따라 과거와 미래로 나의 발자취를 구분하려고 하지도 않았다. 완성된 작품을 보니 나의 방식대로 재해석하여 그냥 신은 현재의 나였고, 바탕은 나의 주변 환경이나 나의 의지를 표현하려고만 하고 있었다. 두 작품을 비교해서 바라보니 첫 번째 작품은 나의 현재이고 두 번째 작품이 나의 과거를 표현한 것 같다.	펜은 나만 알 수 있도록 다른 사람들이 읽어보아도 별로 티가 나지 않도록 조금 두꺼운 것을 선택했다. 덕분에 작업한 지문의 모습은 더 예쁘게 표현되었으며, 나는 솔직하고 자세하게 나를 표현하고 돌아보는 시간을 가진 것 같다. 왼쪽 과거의 슬리퍼는 나의 경험을 겨울에 피는 동백꽃으로 표현하였다. 오른쪽 미래의 슬리퍼는 자유롭게 날아갔으면 하는 바람으로 과거의 슬리퍼의 연상작용으로 동백꽃의 꿀을 빨아 에너지를 비축하는 벌새로 표현해 보았다. 그 슬리퍼를 신고 어디를 갈까? 마음 편안한 곳을 걷고 싶었다.

<발자취> 활동지

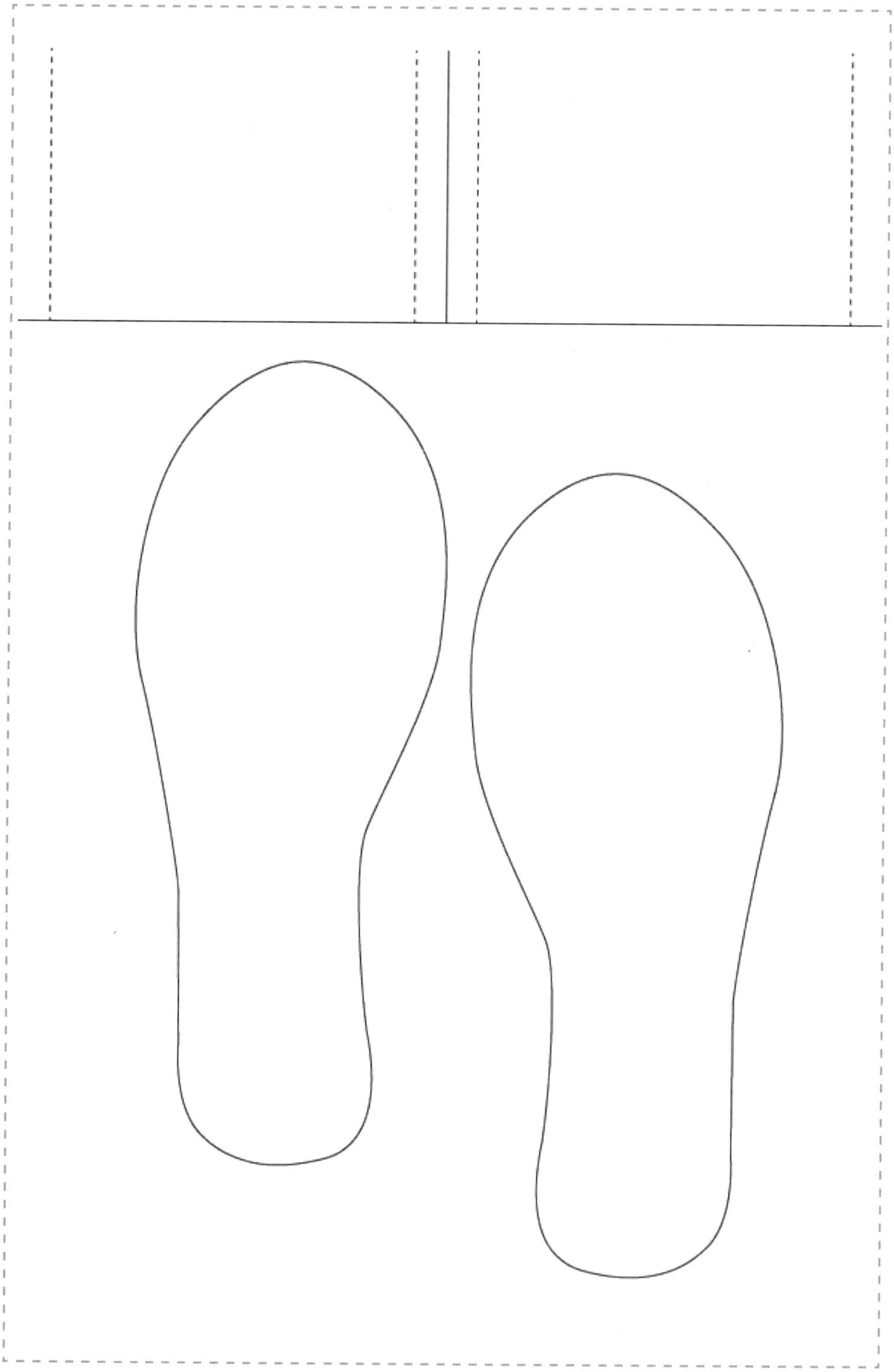

6) 씨앗 키우기

활동 목표	자신의 성장과 긍정적인 미래상을 구체적으로 탐색하고, 자기 잠재력과 미래에 대한 긍정적인 기대를 표현하도록 돕는다.
준비물	마카, 클레이, 공예용 철사, 가위, 목공용 풀 (그 외 스티커 등 꾸미기 도구 가능)
진행 방법	**"내 안의 씨앗을 어떻게 성장시킬 것인가?"** 1. 씨앗이 있어요. 이 씨앗은 어떤 모습으로 변화되어 있을까요? 질문하고 그에 대해 시트지에 꾸민다. 2. 완성된 작품을 바라보고 나무 패널에 제목을 붙여준다. 3. 전체 작품을 바라보며 필요하다면 추가적인 요소를 그림에 포함하여 이야기 나눈다. – 작품의 제목은 무엇이며, 그 의미는 무엇인가요? – 어떤 종류의 씨앗을 선택했나요? – 씨앗이 자라는 데 필요한 요소는 무엇인가요? – 씨앗에 주는 물의 양은 얼마나 되며, 그 물은 무엇을 상징하나요? – 씨앗이 자란 모습이 당신에게 어떤 느낌을 주나요? – 추가된 요소에 대해 그 의미와 중요성에 관해 이야기 나눈다.
상담의 tip or 유의할 점	– 클레이와 철사 등을 이용하면 자기 강화에 도움을 줄 수 있다.

<씨앗 키우기> 사례 적용

K	B

씨앗을 키워라.라는 문장을 듣고 생각나는 것은 오로지 성장과 발전, 변화 그리고 수확이라는 단어였다. 이 단어들을 통해서 현재의 삶에 대한 나의 가치관을 엿볼 수 있었다. 너무 커서 지면을 나가버린 나뭇가지들과 너무 과도한 물의 양을 뿌리고 있는 조리개를 보면서 많은 생각에 잠기게 되었다. 조리개가 나인지? 나무가 나인지? 고민해 보았는데, 아마도 조리개가 나인 듯싶다. 씨앗은 나의 수업에 온 첫날의 교육생이고, 제가 교육과정 내내 교육생들에게 사랑과 지지로 물을 흠뻑 주면서 커다란 나무로 키워내고 싶은 마음이 보였다. 수료 후에는 교육생들이 간절하게 원하는 취업이라는 열매까지 얻게 하고 싶다는 소망이 표현된 것 같다. 그것이 나의 사명감인 듯하다.	아직 뭐가 자라나는지 모르겠다. 그러나 꽃보단 나무일 듯싶다. 무엇보다도 뿌리가 땅에 단단하게 지탱하길 바란다. 그리고 무럭무럭 자라나 주길 바라며 무력이라고 이름을 지었다. 아직 무언가 새로운 걸 시작하고 변화를 꿈꾸고 있지만 어떤 것인지는 모르겠다. 다만 하던 대로 열심히 하다 보면 잘 자라날 거란 확신은 있다. 물은 나에게 있어서 자극이다. 자극은 나를 성장하고 변화시킨다. 그러나 한편으론 내가 게을러서 물을 자주 주어야 하는, 물 많이 먹는 나무는 아니길 바란다.

<씨앗 키우기> 활동지

7) 꿈의 적금 통장

활동 목표	내면의 진정한 욕구를 탐색하고, 실현 가능한 방법을 구체화하여 바람을 달성할 수 있도록 조력한다.
준비물	마카 (그 외 스티커 등 꾸미기 도구 가능)
진행 방법	"나의 꿈은 무엇인가요?" 1. 자신이 꿈꾸고 희망하는 미래의 모습을 시각적으로 이미지화하여 표현한다. 2. 미래의 삶을 실현하고자 계획을 구체적으로 정리해 본다. 3. 미래를 실현하고자 필요한 자금 마련의 방법, 시기, 예산, 사용처 등을 고려하여 자금을 적어본다. 4. 필요한 경비를 모으기 위해 지금 당장 시작할 수 있는 첫 번째 행동을 정하고, 이를 실행에 옮기기 위한 세부 계획을 수립 후 이야기 나눈다. - 당신의 목표는 무엇인가요? - 목표를 달성하기 위한 동기는 무엇인가요? - 현재 이 목표를 위해 어떤 행동을 취하고 있나요? 그 행동이 목표에 도달하는 데 얼마나 효과적인가요? - 목표를 달성하는 데 필요한 자원이나 지원은 무엇인가요? - 자금을 마련하기 위해 우선으로 실행해야 할 행동은 무엇인가요? - 이 꿈이 실현된 미래의 모습이 현재의 삶에 어떤 심리적 영향을 미칠 것 같나요? - 목표 실현 과정에서 마주할 수 있는 장애물은 무엇이며, 이를 극복하기 위한 전략은 무엇인가요? - 목표가 실제로 당신의 욕구를 충족시키고 있다고 생각하나요? 필요하다면 목표를 수정하거나 조정할 준비가 되어 있나요?
상담의 tip or 유의할 점	- 이상적인 꿈이 아닌 구체적인 목적을 가지고 있을 때 효율적으로 활용할 수 있다.

<꿈의 적금 통장> 사례 적용

<table>
<tr><th>K</th><th>B</th></tr>
<tr><td>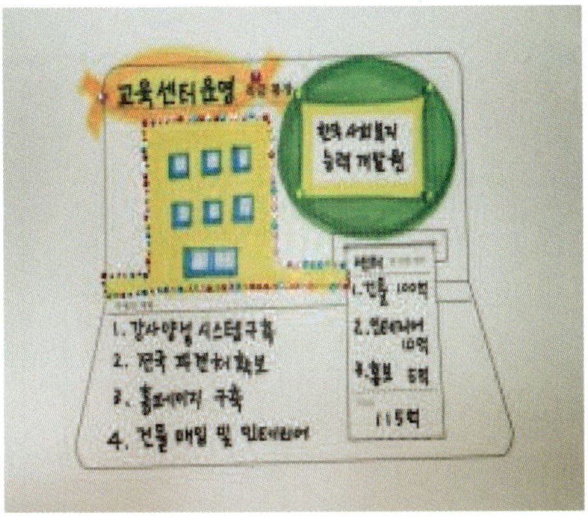
</td><td>
</td></tr>
<tr><td>나는 평소 미래에 대한 계획이나 경제적으로 준비를 한다는 것에 대해 고민한 적이 별로 없었다. 내가 미래에 원하는 것에 대한 구체적인 것에 대해서 생각해 보지 않았던 것에 의문이 들어서 곰곰이 생각해 보니, 그저 현재 할 일에 숨찰 정도로 버거워하며 최선을 다하면서 살아왔기에 미래에 대해 생각할 여유조차 없었던 것 같았다. 나의 미래를 위해 적금 통장을 만들려고 한다면 무엇을 위해서 만들어야 할까에 대해 고민해 보는 시간이었다. 나의 노후에서의 경제적인 측면까지 고려해서 생각하면 나는 현재 무엇을 준비해야 하는가?에 대한 생각으로 사회복지 실무 교육 센터 운영이라는 결론을 얻게 되었다. 적금이라는 이름으로 생각하는 시간을 가져보니 저절로 미래에 대한 계획도 구체화하게 되었고, 이를 실현 가능해지게 하기 위한 자금 마련까지 구체적으로 고민할 수 있는 시간을 갖게 되었다. 내가 원하는 것과 어떻게 하면 이루게 할 것인지에 대해서 짧은 순간에 명확해지는 것 같아 놀라웠다. 개인적으로 앞으로 미래를 위해 무엇을 해야 할지를 알게 되어 매우 유익한 시간이었다.</td><td>나의 꾸준한 꿈은 작업실을 갖는 것이다. 미술 재료들을 보관하고 언제든 작업할 수 있는 공간, 작품을 만들면 보관할 수 있는 공간, 삽화, 공예, 컴퓨터 작업 등 아이디어를 다양하게 표현할 수 있는 공간이 필요하다.

아기자기한 원룸으로 작업하기 쉬운 동선과 화장실이 배치되어 있으며 빛이 잘 드는 장소를 원하며, 깔끔하고 정돈이 잘될 수 있는 실내장식을 원한다. 그리고 즐겁고 풍성한 아이디어를 더해줄 재료가 필요하다.

이 많은 것들의 비용을 벌기 위해 나는 무엇을 해야 하는가?

지금은 강의를 열심히 하고 어떤 작업이 하고 싶은 것인지 구체적인 계획이 필요할 듯하다.

꿈을 구체화하여 지금 해야 할 것과 필요할 것을 정리하기에 훌륭한 작업으로 생각된다.</td></tr>
</table>

<꿈의 적금 통장> 활동지

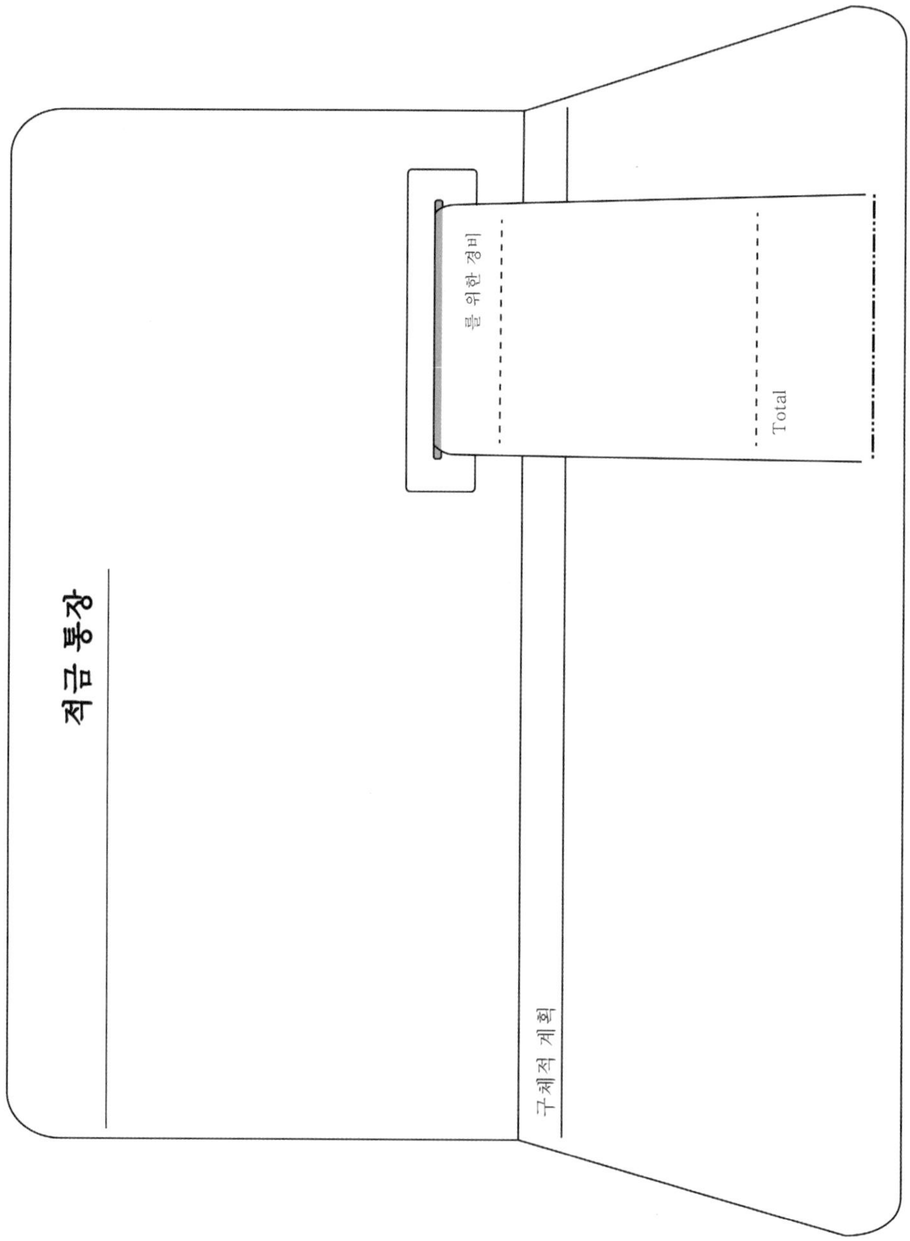

8) 드림캐처

<table>
<tr><td>활동 목표</td><td>자신을 드림캐처에 반영하여 상징적으로 표현함으로써, 현재의 꿈과 바람을 깊이 성찰하고, 이를 이루기 위한 의지를 다진다.</td></tr>
<tr><td>준비물</td><td>마카, 비즈, 아이클레이, 목공용 풀 (그 외 스티커 등 꾸미기 도구 가능)</td></tr>
<tr><td>진행 방법</td><td>“어떻게 하면 당신의 꿈을 다시 빛나게 할까요?”

1. 자기 자신을 드림캐처에 반영하여 상징화한다.

2. 깃털에 자신에게 힘을 주는 색으로 표현한다.

3. 드림캐처의 중심에 있는 원형 조각에 자신의 가장 큰 바람이나 꿈을 적어본다.

4. 완성된 드림캐처를 살펴보며, 자신이 느끼고 있는 감정과 현재의 상태를 다른 참여자들과 공유한다.
- 드림캐처의 중심에 적은 나의 바람은 무엇인가요?
- 바람이 당신의 삶에 어떤 영향을 미치고 있나요?
- 바람을 이루기 위해 어떤 노력을 하고 있나요?
- 나에게 힘을 주는 색은 무엇인가요? 그 색상이 당신에게 어떤 의미가 있나요?
- 바람이 이루어진다면 당신의 삶은 어떻게 변화할 것 같나요?
- 바람을 이루는 데 필요한 자원이나 도움은 무엇인가요? 그 자원들이 현재 당신의 삶에 얼마나 존재하고 있나요?
- 활동을 통해 자신의 꿈과 바람에 대해 새롭게 인식한 점이 있다면 무엇인가요?
- 앞으로의 삶에서 드림캐처가 당신에게 어떤 역할을 하길 바라나요? 그 역할을 통해 무엇을 얻고 싶나요?</td></tr>
<tr><td>상담의 tip or 유의할 점</td><td>- 비즈, 구슬 솜털, 털실과 같은 꾸밀 수 있는 것을 다양하게 제공할 필요 있다.</td></tr>
</table>

<드림캐처> 사례 적용

K	B

드림캐처의 원을 꾸밀 때 너무 많은 조각으로 표현된 것을 보니 나의 해야 할 일이나 복잡한 생각이 나타난 것 같았다. 원 안을 자세히 보니 패턴이 있는 것처럼 보이나 즉흥적으로 자유롭게 마구잡이로 선을 그어서 표현하였다. 나라는 사람은 사회적 규범 안에서는 있는 것 같지만 계획적이거나 규칙에 얽매이는 것을 싫어하고 나름대로 나만의 방식을 추구하는 것 같았다. 노랑과 보라의 테두리를 안과 밖의 원에 중복하여 두 번이나 사용된 것을 보니 당시에 불안한 나를 볼 수 있었다. 나의 바람을 축복이라고 표현함으로써 스스로 안정감을 추구하고 있었던 것 같다. 깃털에 색을 칠할 때 가운데를 유독 진하게 칠한 것이 특이하고 느껴져서 고민해 보았다. 아마도 나의 기준에 합당한 것에 대한 일만을 추구하려는 성향이 깃털 가운데 깃대를 진하게 칠함으로써 반영된 것 같다.	내가 좀 더 단단해지길, 의지의 힘을 갖기를, 너무 과대해지지 않기를 바란다. 에너지가 소진되어 머무르기 상태에 젖어 들어 있었다. 그래서인지 무언가를 시작하거나 움직임이 있을 때 불안이 주제가 되는 꿈을 꾼다. 이제는 물렁거리는 나를 다잡고 의지의 꿈을 갖되 겸손하게 살자는 의지를 작품에 담아보았지만, 여전히 불안이 나의 발목을 잡는 것 같다. 그래서 '나답다'라고 생각했던 주황색을 가운데 구슬로 달아보았다. 나답게, 당당하게, 단단하게, 앞으로 나아가길 바라며….

<드림캐처> 활동지

9) 나에게 보내는 엽서

활동 목표	현재의 자기 이해를 촉진함으로써 긍정적인 미래상을 구상하고 자아 성찰을 돕는다.
준비물	마카 (그 외 스티커 등 꾸미기 도구 가능)
진행 방법	**"미래의 나에게 엽서를 보낸다면?"** 1. 미래의 자신에게 솔직하고 담백하게 전할 메시지를 엽서로 작성한다. 2. 미래의 자신을 구체적으로 상상하며, 엽서에 그림으로 표현한다. 3. 엽서를 마무리하고, 자신이 원하는 시점에 이 엽서를 받았다고 상상하며 이야기 나눈다. - 엽서의 내용은 무엇인가요? - 미래의 자신에게 어떤 이야기를 전하고 싶나요? - 엽서를 쓰면서 어떤 감정이 들었나요? - 미래의 당신을 상상할 때 어떤 모습이 떠오르나요? - 미래의 자신이 이 엽서를 받았을 때 어떤 기분일 것 같나요? - 엽서를 언제 받고 싶은가요? - 미래의 나와 현재의 나는 어떤 점이 달라져 있을까요? - 미래의 내가 현재의 나에게 해주고 싶은 말은 무엇일까요? - 활동을 통해 현재의 나에 대해 새롭게 알게 된 점은 무엇인가요? - 엽서를 쓰고 난 후, 변화를 위한 실천 방법이 있다면 무엇인가요?
상담의 tip or 유의할 점	- 자기의 욕구를 적극적으로 자성예언 및 자기 교습 훈련을 지속하면 욕구 실현 가능성을 높일 수 있다.

<나에게 보내는 엽서> 사례 적용

<table>
<tr><th>K</th><th>B</th></tr>
<tr><td>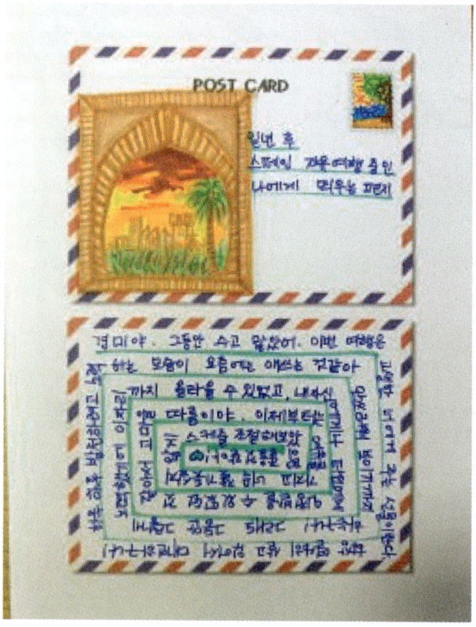
</td><td>
</td></tr>
<tr><td>작업할 당시에는 일 년 후 스페인 자유여행을 그저 상상만 하면서 막연한 마음으로 했다. 일 년이 채 지나지 않은 지금, 갑자기 예기치 못한 상황이 만들어져서 말 그대로 스페인 자유여행을 떠날 수 있게 된 것이 그저 놀라움으로 다가온다.

이번 기회에 자성예언의 강력한 영향력을 느끼면서 본인이 원하는 바를 명확히 표현하기만 해도 이루어질 수 있는 확률이 높아지는 것을 직접 확인할 수 있었다. 원하면 이루어질 것이다. 왜냐하면 그것만 보이고 그것만 듣게 될 것이기 때문이다. 무언가 원한다는 것은 그것에 대해 관찰하고 집중하게 하기 때문이다.

작업 당시에는 바쁘고 지쳐있었던 일상에서 스페인 자유여행은 나에게 하루하루를 견디게 하는 희망이자 탈출구 역할을 해주었다. 미래의 나에게 쓴 희망의 메시지 한 줄이 현재 우리 삶의 원동력이 되어 주기도 하고, 미래의 방향을 이끌어 주기도 한다는 것을 체험하였나.</td><td>노인이라고 말해지는 시작인 65세….
앞으로 27년 후…. 내 생일을 축하하며….

지금도 그 후에도 나에게 주는 주문
“걱정하지 마, 다 잘될 거야 - 하쿠나마타타”

불안이 많은 내가 편안하고 안정적이길 바라는 모습으로 표현된 작품인 듯했다.

노인이 되는 그때엔 내가 마음의 여유가 생기길 바라며 녹색과 갈색인 자연의 색으로 표현된 것 같다.</td></tr>
</table>

<나에게 보내는 엽서> 활동지

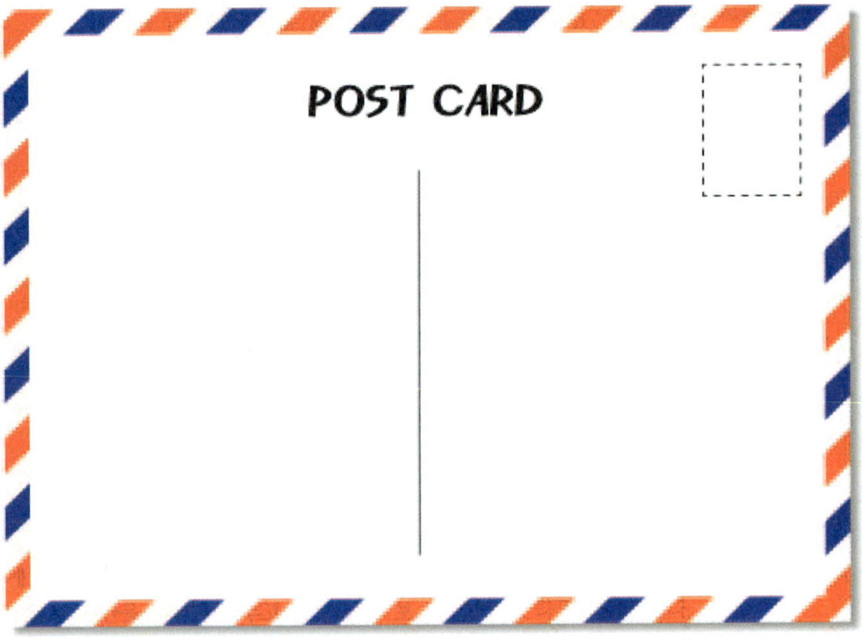

참고문헌

권기덕, 김동연 (2002). **당신의 질병을 색채로 치료한다**. 대구: 동아출판사.

김동연 (1994). **미술치료의 이론과 실제**. 대구: 동아문화사.

김미경 (2010). **사례를 통한 색채치료**. 서울: 학림.

김선현 (2009). **컬러가 내 몸을 바꾼다**. 서울: 넥서스.

______ (2013). **몸과 마음을 치유하는 컬러 색채심리학**. 경기: 이담 북스.

김시내 (2017). **미술치료에서 내담자의 창조성을 접한 미술치료사의 체험연구**. 서울여자대학교 특수치료전문대학원 박사학위논문.

김영근 (2013). 치료적 요인으로서의 상담자 요인에 대한 내담자의 인식 차원. **한국 심리치료학회지: 상담 및 심리치료, 25**(2), 203-226.

김용태 (2007). 초월의 기초로서 실존주의 심리치료. **한국 기독교 상담학회지, 13**, 100-125.

김현숙 (2012). **컬러로 건강을 지키는 컬러테라피**. 서울: 대원사.

末永蒼生 (1998). *色彩心理の世界*. 박필임 역 (2001). **마음을 치유하는 컬러 테라피-색채심리**. 서울: 예경.

문은배 (2019). **색을 불러낸 사람들**. 경기: 안그라픽스.

문채련, 이현주 (2012). **미술치료와 교류 분석**. 경기: 양서원.

박광수 (2006). 아유르베다의 차크라 이론과 음양오행 사상에 따른 색채 치유 원리와 방법에 비추어본 괴테의 색채론. **한국괴테학회, 19**, 21-45.

배미영 (2010). 칸딘스키 조형 이론과 작품분석을 통한 색채 특성에 관한 연구. 이화여자대학교 대학원 석사학위논문.

변지은 (2015). 칸딘스키 회화에 나타난 의사소통적인 색채 심리에 관한 연구. 건국대학교 대학원 석사학위논문.

심준보 (2022). 서구 차크라 체계의 형성 과정 고찰 - 리드베터(C. W. Lead beater)의 The Chakras(『차크라』)를 중심으로. **원불교 사상과 종교문화, 91**, 395-425.

오승진 (2020). **미술 디자인 전공, 미술치료사를 위한 색채 심리**. 경기: 어우리.

이근매 (2008). **미술치료 이론과 실제**. 경기: 양서원.

이부영 (2011). **분석심리학**, 서울: 일조각.

이윤경 (2010). 표현주의 미술의 색채 심리와 심리 치료적 요인에 관한 연구. 한양대학교 대학원 석사학위논문.

이은혜 (2020). 미술치료에서 차크라 색채상징의 치료적 관점과 적용 가능성 탐색. 차의과대학교 대학원 박사학위논문.

정여주 (2001). **만다라와 미술치료**. 서울: 학지사.

______ (2003). **미술치료의 이해: 이론과 실제**. 서울: 학지사.

______ (2014). **미술치료의 이해**. 서울: 학지사.

조관용 (2009). 색채와 의식 - 20세기 초의 신지학 이론을 중심으로. **예술과 미디어, 8**(1), 11-128.

______ (2010). 현대 신지학과 예술론. 홍익대학교 대학원 박사학위논문.

______ (2011). 블라봐츠키의 신지학 이론의 수용에 관한 연구; 20세기 초의 추상미술의 정신을 중심으로. **예술과 미디어, 10**(2), 207-227.

______ (2014). 블라봐츠키와 루돌프 스타이너의 색채론의 비교. **예술과 미디어, 13**(1), 129-154.

조연경 (2022). **미술치료의 인지 기능 영역에 대한 효과: 체계적 문헌 고찰 및 메타 분석**. 차의과대학교 대학원 박사학위논문.

조현민, 오장환 (2008). 칸딘스키의 추상예술의 사상적 배경과 교육적 영향에 관한 연구 - 신지학 등의 동양적 사상과 바우하우스의 활동을 중심으로. **대한건축학지회연합회, 1**, 175-180.

최외선, 이근매, 김갑숙, 최선남, 이미옥 (2013). **마음을 나누는 미술치료**. 서울: 학지사.

최재영, 김진연 역(2008). **미술치료**. 서울: 서울하우스.

하용득 (1989). **한국의 전통색과 색채심리**. 서울: 명지 출판사.

한국 상담학회 (2017). **상담 윤리규정**. Retrieved from http://counselors.or.kr

한국사회복지사협회 (2018). **사회복지사 윤리강령**. Retrieved from http://www.welfare.net

Abt, T. (2005). *Introduction to Picture Interpretation: According to C. G. Jung*. 이유경 역 (2008). **융 심리학적 그림해석**. 서울: 분석심리학연구소.

Babbit, E. D. (1978), *the principles of light and color*. edited and annotated by Faber Birren, University Books, New Hyde Park, New York, 1967.

Birren, F. (1985). *Color psychology and color therapy: A facutal study of theinfluence of color on human life*. 김화중 역 (1993). **색채 심리**. 경기: 동국.

__________ (1987). *Color & Human response*. 김진한 역 (1996). **색채의 영향**. 서울: 시공사.

Goethe, J. W. (1810). *Zur Farbenlehre*. 장희창, 권오상 역 (2003). **색채론**. 서울: 민음사.

Haller, K. (2019). *The little book of colour*. 안진이 역(2020). **컬러의 힘**. 경기: 월북.

Heller, E. (2000). *Wie Farben auf Gefühl und Verstand wirken.* 이영희 역(2007). 컬러의 유혹1. 서울: 예담.

__________ (2000). *Wie Farben auf Gefühl und Verstand wirken.* 이영희 역(2008). 컬러의 유혹2. 서울: 예담.

Jung, C. G. (1976). *Man and His Symbols*. Dell.

Kandinsky, W. (1912). *Über das Geistige in der Kunst*. 권영필 역(2000). 예술에서의 정신적인 것에 대하여. 경기: 열화당.

______________ (1926). *Pun und Linie zu Fläche*. 차봉희 역(2000). 점 · 선 · 면. 경기: 열화당.

Kapitan, L. (1997). Making or breaking: Art therapy in the shifting tidesofaviolentculture. Therapist. *Art Therapy: Journal of the American Art Therapy Association, 14*(4), 255-260.

Kramer, E. (1958). *Art Therapy in a Children's Community.* Charles C. Thomas Publisher.

Landgarten, H.(1981). *Clinical art therapy: A comprehensive guide.* New York; Brunner/Mazel.

Lowenfeld, V., & Brittain, W. L. (1987). *Creative and Mental Growth* (8th ed.). Macmillan Publishing Company.

Malchiodi, C. A(2003). Art therapy and the brain, Handbook of art therapy. *ACADEMIA Acceleating the world's research.* New York; The Guilford Press.

Naumburg, M. (1950). *Psycho dynamic Art Therapy.* Grune & Stratton.

Perryman, L. (2001). *The colour bible.* 서미나 역(2022). 컬러의 일. 경기: 윌북.

Rubin, J. A. (2009). *Itroduction to art therapy, Sources and resources*. New York/Hove: Routledge Taylor Francis Group.

Simpson, P. (2021). *The colour code.* 박설영 역(2022). 컬러의 방. 경기: 윌북.

Steiner, R. (1904). *Theosophie, einfuhrung in ubersinnliche welter kenntnis und menschenbestimmung.* 양억관, 타카하시 이와오 역(2016). 신지학. 서울: 물병자리.

_____________ (1921). *Uber das wesen der farben.* 양억관, 다카하시 이와오 역(1999). 색채의 본질. 서울: 물병자리.

Ulman, E. (1961). Art therapy: Problems of definition. *Bulletin of Art Therapy, 1*(1), 5-8.

__________ (1992). Art therapy: problems of definition. *American Journal of Art*

Therapy, 30, 70-74.

__________ (2001). Art therapy: Problems of definition. *American journal of art therapy, 40*(1), 16-26.

Wadeson, H. (2010). *Art Psychotherapy.* John Wiley & Sons.

Wood, M. J. M. (1998). *Art Therapy in Palliative Care: The Creative Response.* London and New York; Routledge(Taylor & Francis Group).

AUTHORS

저자소개

정윤주

현) 칼빈대 상담심리치료학과 교수

저서: 상담심리학 기초이론

상담 이론과 실제 공저

가족상담복지 공저

김경미

현) 한국사회복지능력개발원 대표

현) 미술 & 색채 심리상담 강사

저서: 사회복지 재무회계 실무 따라잡기

변지은

현) 마음애심리상담센터 상담실장

현) 한국사회복지능력개발원 미술 & 색채 심리상담 강사

색과 함께하는 미술치료

초판 1쇄 인쇄 / 2025년 3월 20일
초판 1쇄 발행 / 2025년 3월 25일

•

공저자 / 정윤주 · 김경미 · 변지은
발행인 / 이 중 수
발행처 / **동 문 사**

•

서울특별시 서대문구 홍제원 1길 12
(홍제동 137-8)
Tel: 02)736-3718(대), 736-3710, 3720
Fax: 02)736-3719
등록번호: 1974.04.27. 제9-17호
가격: 23,000원

•

ISBN: 979-11-6328-634-9 (93180)
E-mail: dong736@naver.com
www.dongmunsa.com